킬링필드 · 리빙필드 3

Killing Field, Living Field

킬링필드·리빙필드

3

던 코맥 지음 · 최태희 옮김

OMF Rodembooks

INTERNATIONAL-KOREA

1865년 허드슨 테일러가 창설한 중국 내지 선교회(CIM:China Inland Mission)는 1951년 중국 공산화로 인해 철수하면서 동아시아로 선교지를 확장하고 1964년 명칭을 OMF International로 바꿨다. OMF는 초교파 국제선교단체로 불교, 이슬람, 애니미즘, 샤머니즘 등이 가득한 동아시아에서 각 지역 교회, 복음적인 기독 단체와 연합하여 모든 문화와 종족을 대상으로 예수 그리스도가 구세주이심을 선포하고 있다.
세계 30개국에서 파송된 1,300여명의 OMF 선교사들이 동아시아 18개국의 신속한 복음화를 위해 사역 중이다.

OMF의 사명
동아시아의 신속한 복음화를 통해 하나님을 영화롭게 하는 것이다.

OMF의 목표
하나님의 은혜를 통하여 동아시아의 모든 종족 가운데 성경적 토착교회를 설립하고, 자기종족을 전도하며 타종족의 복음화를 위해 파송되는 것을 목표로 한다.

OMF 사역 중점
우리는 미전도 종족을 찾아간다.
우리는 소외된 사람들에게 관심을 갖는다.
우리는 복음을 전하는 일에 주력한다.
우리는 현지 지역교회와 더불어 일한다.
우리는 국제적인 팀을 이루어 사역한다.

OMF International-Korea
한국본부: (137-828) 서울시 서초구 방배본동 763-32 호언빌딩 2층
전화 02-455-0261,0271 / 팩스 02-455-0278
홈페이지 www.omf.or.kr / 이메일 omfkr@omf.net

목차

제 13 장

알곡과 가라지의 추수

"예수께서 그들 앞에 또 비유를 들
어 이르시되 천국은 좋은 씨를 제
밭에 뿌린 사람과 같으니 사람들이
잘 때에 그 원수가 와서 곡식 가운
데 가라지를 덧뿌리고 갔더니 싹이
나고 결실할 때에 가라지도 보이거
늘" 마13:24~26

1979년 11월 카오 제 1당에 거대한 '난민 수용소'가 생겼다. 입국이 불법이 되고 매달 방콕으로 가는 버스비를 징수하자 피난민 수가 급격히 감소하였다. 1981년 후반에 마지막 피난민을 보내면서 아란야쁘라테트를 비롯한 옛 수용소들은 완전히 문을 닫았다. 그곳은 사람들로 붐비고 시끄러웠으며 길게 붙여 지은 공동 주택은 바람이 통하지 않았다. 주위는 철조망으로 담이 쳐 있었고 화장실과 수도관은 제대로 그 기능을 한 적이 없었다. 사람들은 대부분 수용소를 그렇게 기억하고 있었지만, 그곳이 예수 그리스도를 만난 장소가 된 사람들도 있었다. 이 먼지투성이의 피난민 수용소, 이 모진 환경도 하나님의 때에 아름답게 사용되었다. 수많은 캄보디아인이 회개와 믿음이라는 영원한 진리를 그곳에서 받아들인 것이었다.

그 국경 주변의 다른 수용소에서도 많은 이들이 복음을 들었다. 믿음을 갖게 된 사람들은 제자 훈련을 받아서 현재 전 세계에 흩어져 새로운 교회들을 개척하였다. 캄보디아 디아스포라 교회라는 새 장을 연 것이다. 이들은 수출된 곡식이었다. 나라가 분산되면서 해외로 흩어진 사람들이 교회를 형성하여 여러 모양으로 영향을 끼치게 되었다.

태국에 있던 피난민 수용소 시대(1975~1993)에서 다음으로 넘어가기 전에 마지막으로 태국에 대량으로 유입된 피난민 가운데 번성했던 교회 이야기를 해야겠다.

1979년 후반, 두 번째 피난민 그룹이 이전 '지옥의 골짜기' 시기의 추방 이후에 캄보디아에서 태국으로 이동하기 시작했다.

북부 태국 국경 아란야쁘라테트 마을에 피난민이 넘쳐나자 카오 제 1당 수용소를 짓게 되었다. 수가 많을 때는 캄보디아인이 13만 명이나 되었다. 그들은 대부분 중류 가정의 도시민 출신이었기 때문에 혹자는 그들을 가리켜 '캄보디아 브루조아의 마지막 보루'라고 했다. 카오 제 1당은 당시 세계에서 가장 큰 피난민 수용소였다. 아란야쁘라테트의 남쪽으로 사람이 몰리자 스라까우 수용소를 세워 3만 명을 더 수용했는데 그곳은 말이 많았던 곳이다. 그들 중에 죽어가는 사람들이 많았는데 그들은 크메르 루즈때문에 떼로 몰려 숲속으로 쫓겨난 사람들이었다. 그런데 또 바로 그 크메르 루즈 수천 명이 이 스라까우에 들어오게 되었다. 그 중에는 악명 높던 살인자들도 있었다. 이 두 거대 수용소는 아주 달랐지만 그 어느 곳이나 복음으로 인해 지속적으로 깊은 영향을 받았다.

권력을 장악하고 있던 크메르 루즈는 번개 같은 베트남의 공격과 1979년 1월 7일, 친베트남 정부의 수립으로 캄보디아 전역에서 급격히 몰락하였다. 그런 중에도 크메르 루즈는 아직 그대로 남아 있는 명령 체계를 가지고 다시 프놈펜에 있는 헹삼린 정부에 대항해서 긴 내전을 하려고 사람들을 재편성하기 시작했다. 그들은 고립되어 있는 단체를 태국 정부가 제공하는 접경 지역 은신처에서 치고 빠지는 게릴라 전법을 사용하려고 했다.

크메르 루즈 지도부는 병력을 둘로 나누려고 했던 것 같다. 한 그룹은 나라 안에 두고 나머지는 국경으로 가도록 했다. 이 국경 지역에 있게 된 크메르 루즈 분대가 실제로는 포로의 처지가 된 수만 명의 캄보디아인들을 서쪽으로 몰고 있었다. 옹까 목동들은 도망하면서 자기들이 미워하던 유온(베트남인)과 전쟁을 계속하도록 포로들을 이용하고 있었다.

이 불쌍한 포로들은 강제로 몇 달 씩이나 굶주리면서 험한 국경 지역을 오르내려 아주 쇠약해졌다. 마침내 1979년 10월, 포로들을 가축처럼 몰고 가던 크메르 루즈는 그들을 태국 국경 근처에 냄새나는 쓰레기처럼 쏟아 부었다. 태국은 그들을 수용할 수밖에 없었다.

1979년 이 가슴 아픈 장면이 미디어를 통해 '캄보디아의 홀로코스트'라는 제목으로 세계에 공개되었다. 이 무시무시한 장면이 캄보디아 전역을 보여주는 창문이었다. 아란야쁘라테트 북쪽 국경에는 캄보디아인 수십 만 명이 집단촌을 이루며 살고 있었다. 그곳에는 싸우기 좋아하는 사람, 암매상인, 야심찬 사람들이 있었고, 그렇게 가엾은 상황인데도 거짓말을 하고 무리한 요구를 하는 사람들이 있었다.

더 정확히 묘사하자면 수천의 이름 없는 해골들이 비틀거리며 걷고 있거나 흉하게 제멋대로 늘어져 누워 있었다. 아란야쁘라테트 남쪽 관목지에서 말없이 고통하며 자비로운 죽음을 기다리는 사람들이었다. 그 모습이 크메르 루즈가 최근에 해방시켜 다스리는 캄보디아의 단면이었다.

이 모든 상황에서 태국의 가장 중요한 관심은 크메르 루즈가 힘을 회복하도록 도와서 위협하고 있는 베트남의 방패막이가 되어주는 것이었다. 크메르 루즈는 자기 백성과 태국 국경 마을에 불행과 고통을 주었지만 지금은 나쁜 짓을 할 수 있는 처지가 아니다. 아시아 다섯 국가에 따르면 악당은 캄보디아에서 크메르 루즈 공산당을 제거한 베트남인이었다. 이렇게 크메르 루즈에 동조하고 베트남을 적대시 하는 태도는 미국도 마찬가지였는데 그들은 아직도 4년 전 당했던 굴욕적인 후퇴에 자존심이 상해 있었다.

이 죽음의 냄새가 나는 현장에서 일반인과 크메르 루즈는 쉽게 구별되었다. 크메르 루즈는 거의 예외 없이 건장하고 잘 먹어서 그들 발아래 있던 사람들과 완전히 대조가 되었다. 굶고, 말라리아로 고통한 흔적이 있으며, 정글 위 나뭇잎에 누워 설사하고 있는 사람은 모두 일반인이었다. 그런데도 크메르 루즈는 아직까지 그들을 매처럼 감시하고 있었다. 우리는 사람에게 '판시다(Fansidar)'라는 말라리아 약을 먹이려던 계획을 중지하였다. 감시자들이 와서 그 약을 빼앗기 때문이었다. 나 자신도 크메르 루즈들이 주사기, 담요, 쌀, 약 등을 백성들과 구조팀에게서 빼앗아 숨겨둔 현장을 많이 목격했다.

4년 동안 크메르 루즈의 통치에서 간신히 살아남은 이 비천한 사람들의 불행은 이제 끝나야 했다. 그러한 곳에서 그렇게 죽어가는 모습은 인간의 이해를 초월하는 것이었다. 그곳에 만연한 비인간성은 어떤 이유도 댈 수 없는 것이었다. 만일 그것이 기근이나 다른 자연 재해로 인한 것이었다면 조금은 참을 수 있었을 것이다. 그런데 그 어떤 것도 소용이 없었다. 설상가상으로 그들을 계속 도우려면 그 음침한 크메르 루즈 요원과 계산적이고 부패한 태국 군 장교에게 살금살금 다가가 아첨을 해야 했다. 그들이 일차적인 책임자이기 때문이었다.

대부분이 치명적인 대뇌 손상, 아메바성 이질, 결핵, 그리고 기아로 죽어가고 있었다. 습도가 높은 곳에 질병과 죽음의 악취가 가득했다. 아무도 말을 하지 않기 때문에 기괴한 침묵이 있었으며 명령이 없으면 아무도 움직이지 않았다. 그리고 아무도 다른 사람의 어려운 사정을 알지 못했고 신경 쓰지도 않았다. 마음이 딱딱하게 얼어붙어 지루하게 긴 겨울의 얼음덩이 같았다. 그들은 혼자 아무렇게나 쭈그리고 앉아 배의 통증을 완화시키기 위해 나뭇잎을 말아 담배처럼 피우거나, 고통스럽게 기침하면서 몸을 이쪽저쪽으로 돌려가며 기진맥진 누워 있었다. 더러운 흑회색 누더기를 몇 겹씩 몸에 칭칭 감고 있는 사람도 있었다. 그들은 냉기를 죽음의 예고로 보고 두려워했다.

가끔씩 이 더러운 넝마로 둘둘 말은 메마른 뼈들도 결국 인간임을 기억하게 하는 통절한 장면을 볼 수 있었다. 한 중국 여인이 완전히 축 늘어져 뼈만 남은 10대 아들을 안고 비틀거리며 나에게 다가왔다. 키는 크지만 뼈와 가죽만 남아 지금은 아주 가벼운 그 청년은 유일하게 살아남아 있는 가족이었다. 아마도 여인은 틀림없이 그 아들을 며칠씩이나 그런 식으로 질질 끌고 다녔을 것이다. 그런데 사랑하는 어머니의 품안임에도 불구하고 아들의 생명은 손가락 사이를 빠져나가는 모래처럼. 빠르게 꺼져가고 있었다. 이제는 더 이상 아들을 안고 다닐 수 없었다. 한쪽 무릎에 아들을 올려놓으면 그 몸이 흐느적거려서 완전히 반대쪽으로 넘어갔다. 그 장면은 완전히 마리아가 십자가에 못 박힌 예수를 팔로 안고 있는 중세의 초상화 그대로였다.

다른 사람이 지켜보고 있는 것도 모르는 채, 여인은 조심스레 아들을 바닥에 눕혔다. 그러고는 나무껍질 조각으로 힘겹게 나무 밑에 있는 나뭇잎과 가지들을 치우고 그곳을 편편하게 만들었다. 그리고 새 짚을 얻어 깔더니 그 위에 아들을 옮겨 놓았다. 한 동안 어머니는 될 수 있는 대로 그를 편하게 해주려고 애를 썼다. 마침내 아들 곁에 앉아서 입고 있는 낡은 사롱 끝으로 움푹 들어간 아들 얼굴을 닦아 주었다. 청년은 절망 바로 그 모습이었다. 그는 공포에 질린 눈을 커다랗게 뜨고 간청하고 있었다. '제발, 어떻게든 좀 해주세요.'라고 나에게 외치고 있는 것 같았다. 그런데 그 숲 속에서 의학적으로 우리가 할 수 있는 일은 아무 것도 없었다. 그는 기아 상태의 마지막 단계에 와 있었다. 창자가 늘어나서 밖으로 나와 부패해 있었고 만성 설사로 출혈이 심했다.

그는 다음 날 죽었다. 틀림없이 밤에 죽었을 것이다. 어머니는 마지막으로 죽은 아들을 자기 팔로 안고 묻으러 갔다. 아침마다 시체들을 끌어다가 공동묘지에 던지는 전령들에게는 절대로 맡기지 않을 것이었다. 고통스럽더라도 사랑하는 어머니의 손으로 땅을 파서 비밀리에 무덤을 마련할 것이었다. 나는 위엄 있고 당당하던 그 여인을 두 번 다시 보지 못했다. 사랑하는 어머니 손으로 그 케이폭(판야) 나무 아래에 깨끗이 마련해 두었던 아들의 죽음 침상 자리는 며칠 동안 나뭇잎이 떨어져 그곳을 전부 덮을 때까지 생명과 사랑의 말없는 그림으로 남아 있었다.

어떻게 보면 그 청년은 행운이었다. 최소한 함께 있어주고 희생적으로 사랑해 주었으며 그를 매장해 주고 기억해주는 사람이 있었기 때문이다. 수백 명이나 되는 다른 사람들은 그러지 못했다. 이 죽음의 장소에 우리는 병원을 마련했는데 나무 가지에 염수 링거 병을 걸어 놓고 짚으로 된 거적을 촘촘히 줄지어 깔아, 두어 개의 텐트를 쳐 놓았다. 그곳에는 어린 고아들이 많았다. 한 명 한 명이 모두 집중 치료가 필요했다. 그런데도 믿을 수 없을 만큼 잘 참고 있었고 조용했다. 눈물을 흘리고 울부짖던 시간은 벌써 오래 전에 다 지나고, 거적 위에 조용히 앉아 이 아이 저 아이가 죽어 실려 나갈 때마다 냉철하게 소리 없이 바라다보고 있었다. 부모들은 죽었거나 그들과 격리되어 강제로 행군하고 있었다. 베트남군은 크메르 루즈와 그 포로를 서쪽으로 몰아가고 있었다. 엄마의 시체 곁에서 떠나지 않으려고 하는 아이를 만날 때도 있었다. 어디 갈 데가 있단 말인가? 나이와 달리 지치고 초췌한 얼굴로 동생을 결사적으로 붙들고 있는 겉늙어 보이는 아이도 있었다.

아이들이 들어오면 한 명씩 한 명씩 목욕을 시키고 옷을 갈아

입혔다. 더럽고 냄새나는 옷을 뼈만 앙상하게 남은 그 작은 몸에서 벗길 때, 어떤 때는 그 옷에 다른 천을 대어 여러번 기운 흔적을 볼 수 있었다. 아주 촘촘하게 가지런히 줄을 맞추어 기운 것을 보면 틀림없이 사랑하는 어머니의 정성어린 솜씨였다. 그런 세계는 영원히 잃어버렸다. 절망적인 상황에서 어머니는 어떻게든 아이의 마지막 남은 옷을 끝까지 입을 수 있게 하려고 있는 힘을 다했다. 그 작은 바늘땀을 가리키며 아이의 검고 우울한 눈을 다시보고 있으면 그 잃어버린 세계를 잠시 회상할 수 있었다. 어머니는 이 아이를 낳아 사랑하고 보호했다. 캄보디아의 한 어머니가 바로 여기에서 용감하게 정상적인 가정생활의 자취를 지니고 어느 정도의 기품을 갖기 위해 애를 썼다. 자기와 자기 아이에게 다가오는 모든 강력한 힘에 대항해서 보호하려고 했다. 그러나 악한 손이 그녀의 세계를 산산이 부수고 찢었다. 그래서 우리에게 할 일로 남아 있는 것이라고는 더러운 넝마를 불 속에 집어넣는 일뿐이었다.

하루는 클롱와라는 곳에서 두 명 밖에 없는 의사의 통역을 하는데 금방 처치를 해주어야할 응급 환자가 수천 명이나 있었다. 그때 8세쯤 되어 보이는 아이가 와서 나를 불렀다. "아저씨, 아저씨, 제가 형을 이리로 데리고 오게 좀 와서 도와주세요. 여기서 약을 받게요." 아이는 열두 살 된 형이 말라리아에 걸려 혼수상태로 누워 있다고 했다. 족히 2km는 떨어진 곳이었다. 그렇지만 바로 이곳에서도 수백 명이 죽어가고 있었고 통역의 책임도 있어서 그냥 떠날 수 없었다. 또 숲 속으로 그렇게 멀리까지 가지 않아도 죽어가는 사람들은 많았다. 그러니 어떻게 그렇게 귀중한 시간을 내어 그 멀리까지 가서 그 한 사람을 데리고 온단 말인가? 나는 아이에게 같이 갈 수 없다고 하며 데리고 올 사람을 붙여 주겠다고 했다. 물론 그렇게 말하면서도 나는 알고 있었다. 다들 힘이 없기 때문에 아무도 죽어가는 아이를 데려오지 못할 것이었다. 무의식적으로 그의 나쁜 운명 때문에 이렇게까지 불운한 상태가 되었을 것이라고 여길 것이었다. 누가 그것을 바꾸겠는가? 누가 그럴 능력이 있겠는가? 물론 크메르 사람들은 건장하니까 그렇게 할 수 있었다. 그러나 그들은 자기들만의 보금자리가 있어서 밥도 지어먹고 이 '종', 이 '계급이 다른 적'들 위에 군림하면서 그들을 돕는 일에는 손끝 하나 까딱하지 않을 것이었다. 한번은 우리가 환자를 씻기려고 조금 도와달라고 하자 우리가 등을 보이는 순간 얼른 달아났다. 자기 손을 더럽히기 싫었고 무슨 병이라도 옮을까 두려워했던 것이다. 그들은 희망이 없어 보이면 자기 가족이라도 버렸다.

그러나 그 아이는 그만두려고 하지 않았다. 나에게 붙어서 고집스럽게 소리치며 울부짖는 것이었다. 나는 참다 못해 냉정하게 그를 무시했다. 아이는 한 시간 가량 애처롭게 조르다가 갑자기 조용해지더니 생각에 잠겼다. 그에게는 내가 자기 형을 구할 수 있는 유일한 생명줄이었다. 그가 다음에 한 일은 두 팔로 내 두 발목을 꽉 잡는 것이었다. 그렇게 거머리처럼 꽉 붙어있었다. 이제 내가 저항할 차례였다. 그는 입을 꾹 다물고 있었다. 죽어가고 있는 형에게로 가지 않으면 절대로 나에게서 떨어지지 않을 심산이었다. 그래서 나는 아이에게서 벗어나기 위해서 아이를 따라갈 수밖에 없었다. 나무 사이로 그를 따라가면서 이 것이 진지하게 믿는 기독교인의 기도라는 생각이 들었다. '맹렬함'이라는 중요한 요소가 포함되어야 했다. 명백하게 침묵하며 아무런 움직임이 없어도 하나님의 무릎을 끈질기게 붙들고 있어야 했다. 동생은 형의 생명을 구했다.

그것이 그 이야기의 끝이 아니다. 이 모든 것을 지켜보던 크메르 루즈 병사가 있었는데 그는 불어로 교육을 받은 사람으로 불평하면서도 고아를 돕고 있는 우리를 도와주고 있었다. 한낱 작은 소년에게 굴복하는 나의 '약함'을 보고 관심을 가졌다. 그 일로 말미암아 후에 그에게 사랑의 본질에 대해서 말할 기회가 있었다. 그것이 무엇이며 어디에서 오는 것인지를 말했다. 귀찮게 졸라대는 고아 소년 덕분에 이 병사의 마음이 열려 예수 그리스도를 따르는 사람이 되었다. 그 소년과 살아난 형이 어떻게 되었는지 나는 모르지만 하나님은 아실 것이다.

그런데 이 '홀로코스트'에 대하여 극도로 감동적인 방송을 내보냈음에도 불구하고 전 세계로부터 대량의 구조 활동은 아직 도착하지 않고 있었다. UNHCR과 국제 적십자사는 그러한 대규모의 국제 구호에 으레 있는 외교적 논쟁 때문에 수렁에 빠져 있는 것으로 보였다. 봉사 활동을 주로 하는 기독교 선교 단체들은 벌써 태국 국경 근처에 와서 신속히 대응하였는데, 마치도 효과적이고 유연성 있는 '게릴라 전법'처럼 의료진과 구호 물품을 가지고 그들을 도왔다. 식료품, 담요, 매트, 플라스틱 깔개를 가져다주고, 보금자리, 물탱크 그리고 화장실을 지어 주었다. 이 봉사자들은 열대 의학과 피난민 구조에 대해 실제적인 경험이 있었고 현지 사정에 밝았으며 현지 언어를 알고 있었다.

나중에 대규모로 국제단체의 전문가들이 정치 세력을 업고 많은 돈을 가지고 들어 왔을 때, 그들은 이렇게 전문적으로 봉사하는 기독교 그룹을 의심하고 조롱하는 경향이 있었다. 큰 기독교 구호 기관 중에서조차 현지에서는 본국의 지원자들에게 말하던 기독교적 동기와 확신보다는 훨씬 낮은 수준으로 행동하며 당시 돌아가고 있는 상황에 따라 기회주의적 태도를 취하는 경우가 있었다. 땅의 아우성 속에서 수용소 안에서의 전략적인 '사역'인 실용주의가 그리스도와 그의 백성이 동일시되는 타협할 수 없는 진리 보다 우위에 있는 것이었다.

3년 후, 캐나다에서 안식년을 보내고 있는데, 방금 묘사된 국경의 위기 상태가 그대로 TV에 방영되면서 구호를 호소하고 있었다. 그 때는 긴급사태가 이미 훨씬 전에 지난 상태였다. 그것은 기금을 조성할 수 있는 좋은 매개체였다. 진실을 반쯤 섞고 약간 과장을 하면 암암리에 이 기관이 특별히 무언가 중요한 역할을 하고 있다는 인상을 준다. 만일 당신이 그들에게 기부하지 않는다면 아무 일도 일어나지 않을 것이다. 그러나 사람들이 그러한 감정적인 호소에 돈으로 대응하는 한, 그러한 기관은 신뢰할만한 방법으로 돕는지에 대해서 결코 책임 있는 답변을 하지 않을 것이다.

몇 달이 안 되어 위기의 때는 지나갔다. 아주 쇠약했던 사람들은 죽었고, 다른 사람들은 서양의 의술과 휴식, 그리고 영양가 있는 음식에 빠르게 반응하였다. 물론 크메르 루즈들도 이렇게 때에 맞추어 태국에서 살았던 일로 인해서 쉴 수 있었고 재충전해서 다시 국경을 넘어 본국으로 돌아가 또 한 번 캄보디아 시골 사람들을 공포에 몰아넣을 것이었다. 스라까우와 카오제 1당에는 1980년 중엽까지 이미 지나치게 많은 구호 기관이 들어와 있어서 그 중에서 몇을 내보내는 일은 쉬운 일이 아니었다. 구호 기관들은 질적으로 아주 다양해서 어떤 기관들은 캄보디아 난민 수용소에 자기 네 깃발을 꽂으려고 서로 다투기도 하였다. 그 결과, 수백만 달러가 낭비되었다. 예사로 나쁜 짓을 하는 현지 관리에게 뇌물을 주어 들어가기도 했다.

그러나 1979년 10월, 캄보디아의 남서부 삼림에서 크메르 루즈에게 희생되었던 수만 명의 사태는 아주 심각했다. 더 중요하게는 태국이 전략적으로 관심을 가지고 있던 크메르 루즈군의 잔당이 아주 절망적인 상태에 있었다. 베트남인이 그들을 죽이지 않는다고 해도 숲 속에서 말라리아에 걸리거나 기아로 죽을 위험이 있었다. 그래서 그 달 말에 방콕의 스라까우(다이아몬드 호수)라는 곳에 캄보디아인 3만 명을 위한 수용소를 세우기로 결정했다. 죽어가는 사람들이 정글과 산지에서 크메르 루즈를 따라서 태국 산지를 지나가다가 트럭에 실려 수용소에 오는 것이었다. 수용소는 태국 국경 안으로 40마일을 들어가서 방콕으로 가는 간선 도로 바로 곁에 있었다.

틀림없이 이와 같은 캄보디아인들이 흩어진 산지 지역에 더 많이 있을 것이었다. 그러나 그 사람들은 너무 힘이 없고 길을 잃어서, 아니면 크메르 루즈 체포자의 방해로 아란야쁘라테트 남쪽 끌롱와, 끌롱까이, 또운, 아니면 반 라엠까지 올 수가 없었다.

숲속에 잠시만 들어가 보아도 목이 잘려 남겨진 섬뜩한 시체가 있었다. 냄새도 지독했다. 한 노인이 자기 아내의 시신을 묻으려고 에나멜 조각으로 무덤을 얕게 파고 있었다. 곁에 할머니가 모기장에 말려 있었다. 노인은 자신도 주체 못하여 지팡이를 짚고 비틀거리는 상태였다. 무리를 따라갈 수 없는 사람들은 그저 길 가에 버려져 있었다. 순회하는 의료팀들이 그들을 발견했는지 못했는지 나는 모른다. 왜 사람들이 숲 속의 오솔길에 버려져 있었는지, 옮길 시간이나 사람이 없었기 때문인지 아니면 태국 병사들이 그 지역에 더 들어오지 못하도록 차단했기 때문이었는지 나는 모르겠다.

어느 날 밤늦은 시간에 우리가 지친 몸을 끌고 짐을 챙겨서 집으로 가려고 하고 있는데, 기자 2명이 달려와서 무서운 장면을 보았다고 했다. 국경 저쪽 아래에 며칠 전에 다른 의료 팀이 장대 4개에 초가지붕을 얹어 임시로 세운 병원이 있었는데 태국 군인들이 그것을 잘라버린 모양이었다. 안에 보니 부풀어 오른 시체들의 팔에 아직도 링거 염수가 흘러 들어가고 있었다. 다른 사람들은 간헐적으로 신음하며 실낱같은 생명에 매달려 있었다. 끔찍한 모습이었다. 꺼져가는 불빛 주위에 있던 유령 같은 그림자는 모두 죽어가는 사람들이었다. 모두 수백 명이나 되었지만 들리는 소리라고는 떨고 있는 귀뚜라미의 소리뿐이었다. 악몽과 같았다.

스라까우 수용소는 관목지를 급히 불도저로 평평하게 닦아 낮은 지대에 세워져 있었다. 진흙 밭은 깊이 박힌 뿌리로 가득했는데 그곳에 바퀴 자국이 남아 있었다. 당시는 우기가 한창이었다.

UNHCR은 기아와 중병에 허덕이는 수천 명을 수용할 장소를 48시간 내에 준비해야 했다. 그렇게 형편없는 조건 속에서 그렇게 짧은 시간 안에 그들이 이루어낸 결과는 영원한 자랑거리가 될 만했다.

1979년 10월 24일, 이 진구렁 속에 처음으로 8천 명 가량을 던져 놓았다. 국경에서부터 버스와 트럭이 비에 흠뻑 젖은 스라까우 수용소로 줄지어 내려왔는데 그 안에는 이렇게 병들고 공포에 질린 사람들이 빽빽하게 실려 있었다. 많은 사람들이 오다가 죽었지만 아직도 죽은 채로 사람들 틈에 끼어 있었다. 그 미친 것 같은 광경이 5일이나 더 지속되었다. 우리는 잠도 자지 않고 첫 48시간 동안 그것을 지켜보았다. 모두 평생 그 장면을 결코 잊지 못할 것이다.

나는 스라까우에 밤늦게까지 남아서 다른 사람들과 함께 더 중한 환자부터 옮겨다가 이불을 덮어주고 돌봐주었다. 조금 나은 사람들에게는 기본 생활에 필요한 것을 주면서 스스로 감당해내도록 했다. 그날 밤 비가 천막 지붕에 폭포처럼 쏟아졌다. 그 아래에는 죽어가는 사람들이 있었다. 그들은 수백 명씩 줄지어 그 뿌리로 덮인 진흙 바닥에 축축히 젖은 채 누워 있었다. 고통으로 몸부림치는 인간 카펫이 검게 깔려 있었다. 아침에 보면 누워 있는 자리가 물에 잠겨 많은 사람이 물에 빠져 죽어 있기도 했다. 너무 쇠약해서 쏟아지는 비의 웅덩이에서 빠져나올 수가 없었던 것이다.

이름 없는 노인, 젊은이, 어머니들이 모두 촘촘히 눌려서 한 무덤에 묻혔다. 그러한 무덤들이 더 늘어났다. 석회로 바르고 붉은 진흙으로 덮어서 시체들을 더 넣어 채웠다. 한 사람은 산 채로 묻힐 뻔했는데 누군가 마지막 순간에 그가 움직이는 모습을 보게 되어 구할 수 있었다. 그 첫 몇 주간 수백 명이 죽었다.

변소도 흘러 넘쳤고 배수구도 없었다. 지금 대거 오고 있는 의사와 간호사들은 그 진흙 바다의 붐비고 혼란스러운 병원 텐트에 질서 비슷한 것이라도 세우려고 애를 썼다. 그곳에서 멀지 않은 낮은 텐트에서는 아기가 태어나고 있었고, 그 곁에는 또 죽은 사람들이 짚에 말려 장사를 기다리고 있었다. 몇 주가 지나면서 상황이 달라져 환자 몇 천 명은 나무로 된 침대에 누울 수 있었다. 바닥에 조약돌을 깔고 배수로를 파면서 수용소는 차차로 모양을 갖추어 갔다.

크메르 루즈는 수용소에서 못된 권위를 유지하고 있었다. 그들은 UNHCR 직원들이 자기들 말을 듣지 않으면 죽일 것처럼 위협했다. 자기들을 먹이고 있는 손을 깨무는 격이었다. 그들은 마음에 들지 않거나 말을 듣지 않는 수용자들을 자기들만의 독특한 방식으로 잔인하게 협박하고 괴롭혔다. 그 곁에는 언제나 태국 군인들이 아무 상관도 하지 않고 있었는데, 그들은 신음하고 있는 캄보디아 사람들보다는 크메르 루즈에게 더 연대감을 갖고 있는 것처럼 보였다. 자비보다는 힘의 정치가 우위에 있었다.

1980년 6월, 7천여 명의 크메르 루즈 핵심 멤버와 그들의 지지자들이 계속해서 캄보디아에서 더 '투쟁'하려고 국경으로 되돌아왔다. 그들은 모두 건강했고 충분히 새로워져 있었다. 직접적으로는 태국 덕분이었고 간접적으로는 UNHCR과 여러 구호 기관 덕분이었다. 크메르 루즈와 그들을 지원하는 태국 군인들은 더 많은 사람들을 강제로 본국으로 돌려보내고 싶어 했다. 그러나 이번에는 UNHCR이 상황을 파악하고 있었다. 크메르 루즈 대장이 정글에서 그들에게 어떻게 했는지를 다 경험했던 불행한 사람들에게 조국을 해방시키기 위해 돌아가야 한다는 말은 먹히지 않았다. 크메르 루즈에게는 늘 그러했듯이 그러한 경우를 대비한 야비한 술책이 있었다.

> '먼저 돌아가는 사람들은 침대에서 자게 해 주겠고
> 두 번째로 돌아가는 사람들은 매트에게 자게 할 것이며
> 세 번째로 돌아가는 사람들은 진흙에서 자도록 하겠고
> 마지막으로 돌아가는 사람들은 땅 밑에서 잘 것이다.'

크메르 루즈가 떠나자 스라까우 수용소를 덮고 있던 어두운 그림자와 긴장이 사라졌다.

이 모든 시기에 기독교인들은 조용한 태도로 가장 열악한 이 수용소에서 굳게 결심을 하고 복음을 전했다. 가장 어려웠던 초창기에 그곳에서 순수하게 마음을 쏟으며 도왔던 구호 단체 중에는 기독교 단체가 많았다. 책자를 나누어주자, 진리를 찾는 신자와 구도자들이 오두막과 기독교 의료 병동에 조용히 모이기 시작했다. 훌륭하게 봉사하고 있던 기독교 의료팀은 일과 후에 집에서 함께 예배하고 기도했을 뿐 아니라 날마다 수용소에서 곁에서 돕고 있는 캄보디아 사람들과 기도하기 시작했다. 이 의료팀과 구호팀 기독교인들은 그 행동거지나 삶, 우선순위, 사고방식이 현저하게 달랐다. 스라까우 가까이에 있는 '천막 도시'에 대거 몰려오고 있는 외국인들은 악명이 높았다. 태평한 태국 군인들조차 몇몇 외국인의 심한 부도덕과 불경건함에 놀라움을 표현할 정도였다.

외국에 살고 있는 캄보디아 기독교인이 스라까우에 단기로 봉사하러 왔다. 타비 응엣이라는 젊은 부인과 미국에서 신학 훈련을 받은 다라릿 펜이라는 성숙한 목사였다. (1965년 미국으로 가기 전에 다라는 프놈펜 베다니 교회에서 땅 치어와 함께 집사로 일한 적이 있었다.) 이 두 사람은 1979년 말경부터 1981년까지 스라까우에서 깊은 영향을 끼쳤다. 둘 다 희생적으로 다른 사람들을 기쁘게 섬긴 겸손한 사람들이었다. 자기 이름을 내거나 자기 왕국을 세우려는 사람들이 아니었다.

이전부터 있던 캄보디아 기독교인과 선교 협회도 의료 면에서 많이 도왔다. 그들은 캄보디아 말과 문화가 익숙해서 복음도 잘 전하고 제자 훈련도 할 수 있었다. 1년 안에 스라까우에서 600명가량이 기독교 모임에 정기적으로 참석하여 그리스도의 길에 대해서 배우게 되었다. 더욱 많은 사람들이 계속 성경을 읽고 싶어 했으며 기독교 상담도 필요로 하고 있었다. 1980년, 거대했던 카오 제 1당 수용소에서 홈 목사와 노련한 그리스도인이 많이 스라까우로 옮겨왔다. 스라까우도 이제 수용소가 두 군데로 나뉘어 있었다. 홈과 같은 경건한 목사와 훈련된 신학자요 교사인 다라 펜, 그리고 선교사 친구들의 도움과 격려를 받으며 스라까우 교회는 번성해 갔다.

당연히 반대도 있었다. 크게 보아 세 그룹이 반대했다. 크메르 루즈는 자기들이 세력을 갖고 있을 때 자기 멤버들은 아무도 기독교인과 상종하지 못하도록 했고, 만일 누군가 기독교인이 되면 고문을 하거나 심지어 죽이기까지 했다. 모임에서 불러내어 위협하거나 한낮 제일 뜨거운 시간에 빈 물탱크에 가두어두는 등 직접적인 고문도 가했다. 기독교 사역을 노골적으로 훼방했지만 많은 청년들이 크메르 루즈를 버리고 교회 공동체에 들어왔다. 후에 크메르 루즈가 캄보디아로 돌아가 싸우자고 했을 때도 그들은 거절했다. 또 캄보디아로 돌아갔던 사람들 중에도 복음을 접하고 이전과는 다른 사람이 되어 다시 온 경우가 있었다. 그들이 후에 어떻게 되었는지 살펴보면 재미있을 것이다.

두 번째 반대 집단은 핵심적인 불교 세력으로 그들은 기독교인을 조롱하고 모욕하였다. 이번에는 캄보디아의 불교 세력을 문화적인 이유로 옹호하려는 외국인의 지원까지 받아 그 정도가 더 심했다. '기독교인은 진정한 크메르인이 아니다.'라는 것이었다. '외래 종교인 기독교는 우리 조상의 전통적인 문화를 위협하는 위험한 것이다.'라는 것이 일반적인 슬로건이었다. 홈 목사는 그 즉시 캄보디아 국가를 위협하는 것은 기독교가 아니라 그들이 버리지 않고 갖고 있는 탐욕과 부패와 호전성이라고 반박했다.

세 번째 적대 세력은 두 번째와 연관이 있는 것으로 냉소적인 외국 구호 기관 사역자들이었다. 자기가 하는 일에 똑똑하고 헌신적이기는 했지만 많은 사람에게 그리스도의 십자가는 불쾌한 것이었다. 교회에 더욱 걸림돌이 되는 것은 기독교인의 이름을 걸고는 있지만 기본적인 교리를 전부 부인하는 자유주의적이고 대중적인 혼합주의였다. 신문의 종교 난에서 한 학자 승려를 칭찬했는데 사실은 '개종하려는 사람을 막으려는' 의도를 가지고 캄보디아인이 한 때 가졌던 '강력한 불교의 뿌리에서 다시 시작하자'고 부추기는 기사였다.

1981년 스라까우에서는 기독교인에 대한 적대감이 너무 심해서 다라 펜의 제자 훈련 프로그램인 '엠마오 성경 학교'를 다시 조직하여 비밀리에 모여야 했고, 주일 예배 모임도 중지해야 했다. 기독교 지도자들은 성도들에게 작은 가정 단위로 모여서 눈에 띄지 않도록 하라고 충고했다. 이러한 모든 것은 캄보디아 기독교계에 새로운 일은 아니었지만, 피난민 수용소 담장에 힘들게 갇혀 있었기 때문에 더욱 사태가 좋지 않았다. 1981년이 저물어가면서 이러한 압박이 어느 정도 완화되었다. 수용소에서 각 방면의 지도급에 있던 사람들이 해외 정착지로 떠나면서 인구가 많이 줄어든 데에 그 원인이 있지 않을까 생각된다.

캄보디아 기독교인들은 감정적으로 일촉즉발의 수용소에서 거대한 세력을 이룬 강력한 세속적 가짜 종교와 기존의 반기독 세력인 반동적인 불교 정치 그룹, 그리고 태국 군 지도부의 거대한 압박에 휘둘릴 수 있었다. 그러나 이러한 것들로 인하여 오히려 기독교인들은 결심이 굳었으며 교회도 마지막에는 그러한 세력을 전부 이기고 설 수 있었다. 그것은 그들이 전 세계에 흩어져서 대단히 세속적인 서양에 다시 정착하게 되었을 때 확실하게 좋은 사전 교육이 되었다.

교회에 대하여 가장 적대적이었던 곳은 1979년 11월 스라까우보다 1달 늦게 지어진 거대한 카오 제 1당 캄보디아 난민 수용소였다. 세상 그 어디에서도 그렇게 절대적인 적대감은 찾아볼 수 없을 정도였다.

이 '대기소(holding center)'라고 불리던 수용소는 UNHCR이 수백 만 달러를 들여서 세우고 유지하던 건물이었다. 늘 그렇듯이 물이 공급되지 않았고 주위에 아무 것도 없었기 때문에 3달 후 태국은 이곳에 있던 피난민을 모두 다시 국경으로 돌려보내려고 시도하였다. 그러나 그때까지 사람들은 모두 얼굴을 부싯돌처럼 굳게 하고 하나같이 캘리포니아의 롱비치와 서양의 다른 샹그릴라로 가려고 마음먹고 있었다. 서양 대사관들이 카오 제 1당에 사람을 보내어 선발 인터뷰를 하기 시작하자마자 그곳은 자석과 같이 강력하게 국경 주변에 있는 사람들을 그곳으로 끄는 매력의 장소가 되었다. 사람들이 산적의 위험을 피해서 달려왔고 군인들도 덩달아 행복해하며 철조망을 지나 이 UNHCR의 은신처로 들어왔다. 카오 제 1당에서 해외로 나갈 수 있는 길이 있다는 소식이 캄보디아 전역에 널리 퍼졌다. 사람들은 현재 처지에서 벗어나기 위해 모든 것을 버렸다. 자신의 소유뿐 아니라 자존심도 버리면서 많은 뇌물을 주면서 카오 제 1당과 가까운 국경 근처까지 갔다. 아는 사람이나 돈이 있는 사람은 확실히 유리했다. 시도하다가 죽은 사람도 많았다. 정든 땅을 떠났지만 법 없는 반역자들이 지배하는 국경에서 아무 소망 없이 궁지에 몰리고 위태롭게 되어 고향으로 돌아갈 수도 없게 된 사람도 있었다. 스파이로 몰려 체포될 것이기 때문이었다. 수천 명이 이 국경 지대의 임자 없는 땅에서 소망 없이 수년 간 지내게 되었다. 미국으로 이민 가려던 그들의 꿈은 하루아침에 구호물자와 암시장에 기대어 연명하여 살아가는 악몽으로 바뀌었다.

카오 제 1당 수용소로 수만 명이 이주했을 때 홈 목사와 바탐방 성도들도 모두해서 약 20가정이 그곳에 가게 되었다. 사무엘의 가족, 송 아주머니, 니우 아주머니, 로즈 할머니, 그리고 츠혼의 아내와 아이들이 함께였다. 1980년 6월 레악 예아 목사와 그의 가족도 프놈펜에서 그곳으로 피해 나왔다. 기독교인 중에는 처음 그곳이 세워졌을 때 태국 트럭을 타고 들어온 사람도 있었고 국경에서 가능한 방법을 찾아 몰래 들어온 경우도 있었다.

높은 두렁길에 전기 철조망으로 둘러싸인 카오 제 1당 수용소가 3만 평 되는 관목지에 들어섰을 때, 기독교인들은 즉시로 가정 교회를 세우고 수용소 전역을 돌면서 매우 활동적으로 전도에 힘을 썼다. 혼돈과 쓰레기와 사회적 문제가 산적해 있음에도 불구하고 거대한 카오 제 1당 수용소에서 12만 명의 캄보디아인들은 한 곳에 모여 복음을 들었다. 그런 환경이 아니었다면 아마도 그들 중 대부분은 복음을 들을 기회를 갖지 못했을 것이다. 아마도 하나님의 섭리 가운데 제한된 인간의 안목으로는 현명하지 못하고 근시안적인 것 같지만 영원의 안목으로 보면 캄보디아 교회의 개척에 중요한 한 장(場)을 감당했던 것이다. 결국 다른 원인은 없었다.

1979년 성탄절은 카오 제 1당 수용소가 문을 연 지 1달 밖에 되지 않았을 때였다. 이미 기독교는 이곳에서 확실히 중요한 세력이었다. 부산하고 먼지 나는 수용소에 12월 25일이 밝아오자 천 명 이상 되는 캄보디아인이 자연스럽게 공개된 장소에 모여 예수님의 생일을 축하했다. 그들은 수용소 뒤편 빈 공간에 모두 흩어져 앉았다. 나무가 우거진 산자락 곁이었는데 수용소 이름은 그 산에서 따온 것이었다. 바로 이 자리에 기독교인들은 대나무와 짚으로 벽 없는 교회를 지었다. 천 명이 앉을 수 있는 교회였다. 기독교인들은 그 산 이름을 시내산이라고 다시 지었다.

그 성탄절 내내 하루 종일 서둘러 세운 나무 단상에서 캄보디아에서 온 '오래된 신자들'은 그곳 공기를 크리스마스 캐롤 소리와 구주 탄생의 이야기로 채웠다. 그들이 부르던 노래 소리는 산자락과 넓디넓은 수용소 부지에 울려 퍼졌다. 수 천 명이 질문을 가지고 와서 주의 깊게 설명을 들었으며 캄보디아 말로 된 기독교 책자를 받아 갔다. 이 나라의 역사 가운데 가장 큰 캄보디아 교회가 세워지고 있었다.

1974년 프놈펜에서 이렇게 수 천 명이 모여서 성탄을 축하했을 때 아주 감동적이었다. 어두움이 오기 전 잊을 수 없는 성탄절을 마지막으로 축하했던 사람 중에서 공포의 5년을 지내고 남은 무리는 아주 소수였다. 대부분은 이제 '건너편 해변 가의 더 큰 빛 가운데서' 기뻐하고 있었다. 그래서 비록 그렇게 많이 죽어서 슬퍼하며 흘린 눈물도 있었지만 그들의 눈물은 우리 주위에 희어져 추수하게 된 밭을 보면서 갖는 즐거움과 섞여 있는 것이었다.

따크마 성경학교 학생이었던 홈과 소쿤 목사는 아주 열정적인 설교자요 뛰어난 조직력을 가진 사람으로 프놈펜에 노아 교회를 세운 적이 있었다. 그들은 1980년 초 기독교 위원회를 조직하여 그 위원들과 함께 수용소에 있는 UNHCR 사무실을 찾아가 교회를 짓도록 허가해 달라고 했다. UNHCR 직원들은 허락해 주면서 기독교에 편파적인 호의를 보인다는 말을 들을까 봐 먼저 그 곁에 절도 지어 주었다.

서양의 도움을 받지 않았다면 그렇게 빨리 절을 지을 수 있었을지 의문이다. 예를 들면 이전 아란야쁘라테트 수용소에서도 절을 짓기 위해 여러 번 모금을 했지만 5년이 지나도 지을 수 없었다. 그 수용소에는 그 일을 끝내려는 열심 있는 서양인이 없었다. 절을 짓는 것이 저승을 위한 공적이 되기 때문에 태국, 라오스, 캄보디아에는 짓다가 도중에 그만 둔 절이 많다. 아마도 우리 짐작에 UNHCR이 지어 주었을 것이다.

건축 재료가 배달되자, 기독교인들은 계획을 세워 자기들이 할 수 있는 한 가장 크게 교회를 짓기 시작했다. 아무리 크게 지어도 충분하지 않을 것이었다. 주일 예배를 2번 드렸는데 그때마다 안에 사람이 너무 많아서 뜨거운 태양이 쨍쨍 비치는 밖에 나와 앉아야 했다. 매일 아침 이른 시간에 수많은 사람들이 기도하기 위해 모였다. 언제나 무언가 프로그램이 있었다. 가르침, 어린이 모임, 성경 암송이나 찬양 연습 등이 일주일 내내 교회에서 진행되고 있었다. 이 눈에 띄는 커다란 건물이 카오 제1당 교회의 영적, 행정적 중심이었지만, 진짜 모임은 소규모로 모이는 50개의 활동적인 '가정 교회'에서 이루어졌다. 그것은 수용소 전역에 자연발생적으로 일어난 모임들이었고 또 그보다 조금 더 큰 '교구 교회'도 많이 있었다.

그들은 캄보디아에서 언제나 하던 대로 수용소 내의 모든 교회 사역을 감독하기 위해 25명가량의 남녀를 중앙 교회 위원으로 선출해서 위원회를 구성했다. 목사 2명이 교대로 모임의 의장직을 맡았고 회장, 부회장, 총무를 비롯해서 장로, 집사, 여집사, 성장하고 있는 중국어 예배부 대표 그리고 청년 대표들이 있었다. 이들은 매주 모였는데 그중에서도 핵심이 되는 12명 가량이 매일 아침 일찍 모여 날마다 해야 할 일을 계획하고 그 것에 대해 기도했다. 연륜이 있는 기독교인들과 성숙한 교사들 은 성경과 기독교의 기본 진리를 가정 교회 지도자들에게 집중 적으로 가르쳤다. 그들은 배운 것을 가지고 자기 구역에 돌아 가서 맡고 있는 가정 교회에서 가르치도록 되어 있었다. 그렇 게 해서 큰 도시와 같은 이 수용소의 성도들을 감당하게 하려 는 것이었다.

아침마다 모여 기도하고 예배드리고 나면, 더 열심 있는 사람 들은 날마다 서적, 카세트, 포스터를 들고 나가 수용소 전역을 대상으로 조직적으로 전도하였다. 병원 지역으로 가서 환자와 죽어가는 사람을 위해 기도해 주는 사람들도 있었다. 그들은 형 편이 어려운 과부와 고아들을 돌보아 주며 교회 가족으로 따뜻 하게 맞아들였다. 가정 교회마다 매일 밤 기도를 드렸고, 그룹 들이 돌아가면서 교회에 모여 철야기도를 하여 끊임없이 이러 한 중보의 태도를 유지하였다. 가끔 전체 교인 수천 명이 하루 종일 교회 안팎에 몇 명씩 무리지어 모여서 특별히 캄보디아를 위해 금식하며 기도했다. 뙤약볕 아래도 마다하지 않았다. 결혼 식을 준비하기도 했고 헌아식(獻兒式), 세례식, 상담도 있었으 며 귀신에 사로잡힌 가족을 데려오는 사람도 많았는데 그럴 때 는 축사 사역도 했다. 귀신에 사로잡혔던 사람이 나으면 보통 교회당이나 목사님 가정에서 몇 주 동안 밤낮으로 함께 살았다. 여기에서 그들은 안전감을 느꼈고 하루 종일 성경을 읽고 기도

하며 지도를 받을 수 있었다. 교회에는 언제나 사람들이 있어서 도움이 필요해서 찾아오는 사람들을 도와줄 수 있었다. 살아계신 하나님께 드려진 이 대나무 초가지붕 교회는 긴장이 많고 갇혀 있는 상태의 카오 제 1당 수용소에서 진정한 평화와 안식을 주는 장소가 되었다. 피난민 수용소의 진정한 '피난처'였다.

크리스마스와 부활절은 축하하며 연극과 전도를 할 수 있는 아주 좋은 계절이었지만 재능 많고 창조력이 뛰어난 젊은이들은 일 년 내내 대단한 연극과 화려한 뮤지컬을 교회 뒤에 있는 무대에 올려 공연했다. 몇 개 남지 않은 나무 가지 주위에 수천 명이 빽빽이 앉아서 길고 긴 모세나 다니엘의 서사적인 생애를 보기도 하고, 짧지만 감동적인 '지혜로운 처녀와 어리석은 처녀'와 같은 연극도 보았다. 가르침, 전도, 행정의 분야에 재능들이 있었고 자원해서 도우려는 사람들도 아주 많았다. 배후에서 이 모든 일을 열심히 조정해 주던 아주 뛰어난 젊은이가 있었는데 이름은 라다였다. 그도 주께서 기적적으로 주신 아내와 국경에서 낳은 첫 아이와 함께 결국 이 카오 제 1당까지 오게 되었다.

UNCHR은 이 기독교 운동의 성장을 도와 건물 재료를 더 제공해 주려는 마음이 없었다. 사실 그들은 기독교인과 그들의 전도에 대한 열심에 대해서 나쁘게 보면 냉소적이었고 잘 보아주면 반대 감정을 가지고 있었다. 교회를 짓는 일이 벽에 부딪히자 수용소의 중심부에 사는 수백 명의 성도들은 당시의 유능한 젊은 지도자 세트의 지휘 아래 모두가 자기 집에서 대나무 장대와 짚을 한두 개씩 뽑아 와서 교회에 드렸다. 그래서 가르치고 예배할 수 있는 장소를 충분히 마련할 수 있었다. 캄보디아 측 지도자가 그것을 부숴버리겠다고 위협을 했지만 UNHCR 직원이 그대로 두도록 허가해 주었다. 그곳은 가르치고 교제를 나누기에 아주 전략적인 장소였다. 그곳에서 지속적인 강의 시간을 마련하자 사람들은 매 시간마다 늦게까지 수업에 참석했다. 밤 늦은 시간에는 기름 램프와 촛불 주위에 모였다. 캄보디아 수용소 지도자들이 그것을 없애고 싶어서 그 장소가 불법이라고 하자 젊은이들은 아예 그 건물을 통째로 들어서 다른 곳에 옮겨다 그대로 세웠다.

아주 우수했던 청년 시탄도 한 그룹을 인도하고 있었다. 그들은 대나무 골조에 볏짚으로 만든 가마니(rice sacks)를 씌워서 교회를 지었다. 우리는 그곳을 '베옷(Sackcloth) 교회'라는 애칭으로 불렀다. 열심 있는 젊은 제자들이 구주께 대한 회개와 믿음의 마음을 배우기 위해 땅바닥에 깔려 있는 매트로 쏟아져 들어왔다. 그곳은 얼마나 기쁨으로 충만한 장소였는지 모른다. 이 가정 교회들은 겉모습은 초라해도 가족 공동체의 특별한 따뜻함이 있었다. 시탄과 그의 동료들은 자기들을 용서하고 영생을 주신 분께 온 힘과 시간을 다 바쳐서 섬겼다. 20명 남짓한 그들에게는 공통점이 있었는데 모두 주께 대한 첫 사랑 때문에 그 얼굴에 광채가 있었다. 불과 1년 전, 시탄은 옹까의 밭을 기름지게 하기 위해 인간의 배설물을 손으로 긁어모으는 작업을 강제로 해야 했다. 전부 모아 깡통에 채우면 그들은 그에게 먼저 맛을 보게 했다.

1970년대 초 크메르의 중산층 사이에 시작되었던 끔찍한 크메르 루즈의 파괴와 참수(목베기)와는 달리, 카오 제 1당에서 사람들이 무리지어 교회로 들어오던 일은 영광스러운 운동이었다. 그것은 풍성한 추수였다. 그러나 일반적인 대중 운동이 다 그렇듯이 알곡과 가라지가 함께 있을 수밖에 없었다. 카오 제 1당에서 계속 핍박을 받으면서도 키질이 되지 않았던 것들이 물질주의적 서양에서 성장하지 못하게 막는 찔레와 가시덤불이 되었다. 얼마나 많은 사람이 남은 자가 되었는지 알 수가 없다. 우리는 보이는 것만 보고 알 수 있을 뿐이다. 그리고 하나님은 아직도 일하고 계시다.

카오 제 1당과 그와 같은 다른 수용소에서 캐나다, 미국, 영국, 프랑스, 독일, 스위스, 호주, 뉴질랜드 등의 나라들로 흩어진 수십만 명의 캄보디아인들 중에 그래도 빛과 소금이 되던 소수의 무리가 있었다.

얼마 안 되어 반대와 박해가 닥쳐왔다. 그들은 스라까우 수용소의 신자들과는 달리 크메르 루즈의 잔인한 박해는 겪지 않았다. 그러나 동료 캄보디아인들은 그들을 심하게 증오했고 함부로 대했다. 외국 원조 기관에서 파견한 사람들 중에 친 불교 세력이 있었고 세속주의자들도 그들에게 동조했다.

1980년 4월, 카오 제 1당 교회를 대적하는 소리가 높았다. 그리스도의 몸의 특별함이 크게 드러나는 이벤트가 끝나자 곧 중상모략이 따랐다. 세상 언론을 끌어들이고 국제 기독 단체의 유명한 이름을 빌어 그 지지를 받는 전보를 가지고 자유주의자인

한 미국 신부가 카오 제 1당에 왔다. 캄보디아가 하나가 되어 조국 평화를 위해서 기도를 하자는 것이었다. 수용소 안의 모든 종교인들이 힘을 합하고 마음을 모아 '평화'의 깃발 아래 한 기관을 만들자는 것이었다.

기독교인들은 캄보디아를 위해서 기도하는 일에 다른 사람이 조직을 해 줄 필요를 느끼지 않았기 때문에 이 언론 관계의 일에 관여하지 않았다. 불교도나 무슬림과 손잡고 영적으로 하나라는 피상적인 연극을 할 생각은 더더욱 없었다. 캄보디아 기독교 지도자들은 그러한 일에 대해서 성경적 근거를 찾지 못했음은 물론 오히려 그런 생각에 반대하여 경고하는 입장이었다. 이 행사를 개최하려던 외국인들은 이 정통 기독교인들이 반계몽적인 태도를 가지고 참석할 수 없다고 하는 이유에 대해서 성경에서 찾아 설명해 줄 수 없었다. 그러자 그들은 기독교인들이 최소한 '그 날'에 자기 교회 앞에 서 있는 것을 영상으로 찍을 수 있도록 해달라고 협상했다. 아니면 아이들을 내보내어 그저 단순히 꽃과 장식 리본을 가지고 함께 춤추게 해줄 수 없겠느냐고 했다. 그러나 그것에 대하여 교회 위원회는 자기들은 정기적으로 캄보디아를 위해서 금식하며 기도하고 있다고 설명하였다. 캄보디아의 진정한 평화는 사람의 마음을 변화시키는 복음을 통해서 오기 때문에 그것을 위하여 열심히 일하고 있다고 하였다. 그들은 좋아하지 않았다. 수용소 안에서 가장 크고 가장 활동적인 종교 단체가 정치적으로 올바른 종교 연합의 이벤트에 참석하지 않는다니 기분이 나빴다. 이 캄보디아 난민들이 살아가는 모든 수단을 외국인에게 의지하고 있으면서 이런 요청을 거부한다는 자체를 쉽게 이해할 수 없었다. 그러나 교회는 이 문제에 대해서 완전히 일치된 태도를 가지고 있었다. 이 이벤트에 참석하는 것은 '바알의 선지자들과 함께 기도하는 것'이 된다고 생각했다. 그들은 타협하지 않고 사람들은 싫어하지만 성경적으로 옳다고 생각되는 입장을 고수했다.

그 날이 밝아왔다. 다른 종교 집단은 그 행사에 나갔다. 그들은 이리저리 시키는 대로 하는 것에 익숙한 피난민이었다. 그리고 그들은 전 세계 사람들에게 은혜를 입고 큰 빚을 지고 있는 사람들이었다. 거절이라는 것은 전혀 생각할 수도 없었다. 외적인 동질성은 삶의 한 방법이었다. 수천 명의 기독교인들을 제외하고는 그것은 두려움과 위협의 날이었다. 외국인에게 잘 보이려는 수용소의 지역 책임자에게 끌려서 그곳까지 온 사람도 있었다. 현지 캄보디아 방범대는 이름을 적으며 위협하기도 했다. 오지 않으면 쌀 배급을 받지 못한다고 경고하기도 했다. 많은 사람들이 위협을 당하고 욕설을 들었다. 기독교인 중에 특히 젊은 여성들은 교회로 피난 와서 그 무서운 '평화의 날'이 지나가기를 숨어서 기다렸다. 외부인이 얼마나 쉽게 크메르인을 분리시켜 서로 공격하게 해왔는지 모른다. 왜 크메르 사회는 꼭 필요한 이 응집력이 부족할까? 실제적이고 적극적이고 지속적인 방법으로 나라에 대해 충성하는 힘이 부족할까?

올 것이 왔다. "이 기독교인이라는 작자들은 어떤 종류의 인간들인가? 서양 기독교 지도자들의 말조차 듣지 않다니." 불교

지도자들이 성을 냈다. "캄보디아의 평화를 위한 날에 참석하지 않는 것을 보니 틀림없이 제 나라를 사랑하지 않는 족속들이다. 조국과 자기 백성을 버리고 수치를 주었다." 백성들도 불평했다.

"그들은 진정한 크메르인이 아니다."

"수용소에서 쫓아내야 한다."

"우리를 받아준 태국 불교도를 무시했기 때문에 벌을 받아야 한다."

"그저 외국에 나가고 싶어 하는 것뿐이다."

"우리 백성의 역사와 전통에서 떠난 야비한 변절자들이다."

그렇게 교회에 대해 항의하고 야유하는 소리가 수용소 전역으로 퍼졌다. 기독교인들은 UNHCR과 적십자 직원이 있는 낮에는 안심했지만 모든 외국인이 떠나고 난 뒤 밤이 되면 '정글의 법'으로 돌아가 무장한 도적, 강도, 강간범의 공격을 받았다. 캄보디아인 사이에서 평판이 좋지 않은 요소가 있을 때 내부적으로 위험했다.

기독교인들은 심사숙고 끝에 선량한 사람의 피해를 막기 위해 저녁 모임과 밤 기도 모임을 중지시켰다. 큰 교회는 젊은이들이 상주하면서 방화한다고 위협하는 무리로부터 교회를 지켜냈다. 가정 모임들은 모두 지하로 들어갔다. 집집마다 달려 있던 십자가를 떼어내고 지도자들은 이곳저곳으로 장소를 옮겨다녔다. 심지어 어떤 때는 다른 집에서 자기도 했다. 그 격정이 누그러지기까지 몇 주가 걸렸다. 슬프게도 모든 것이 전혀 이전과 같지 않았다. 기독교인에 대해 이전에 가지고 있던 의심과 미움의 불꽃이 다시 살아났다. '평화의 날'은 외국 혁신가들은 만족시켰을지 몰라도 캄보디아인들에게는 불행, 분열, 오해와 갈등만 주었을 뿐이었다. 서양의 종교 기관이 자기들 고유의 계획과 언론 매체를 가지고 와서 이런 종류의 유해하고도 비중이 큰 간섭을 하여 캄보디아 교회에 재앙과 괴로움을 주었다.

어느 날 이러한 문제의 한가운데에서 나는 로즈 할머니의 이야기를 듣고 있었다. 할머니는 홈 목사의 작은 초가 교회당에서 천 해먹에 의지하여 피곤한 눈으로 수용소 저 쪽을 바라보고 있었다. 이제 나무 하나 없는 부지에 스산한 바람이 불어 황색 먼지 구름을 일으키고 있었다. 할머니는 가끔씩 머리에 둘렀던 빛바랜 끄로마로 꾹꾹 쑤시는 눈을 닦았다. "진정한 캄보디아 기독교인이 되려면 동족의 박해를 견뎌야 한다는 것을 모두가 곧 배워야 할 거예요." 그리고 찡그리면서 미소를 지었다. "나는 지난 60년간 그것을 배웠지요. 예수님 재림이 가까워 올수록 이 악한 세력은 더욱 강해질 겁니다. 그래도 그분은 이제껏 우리를 완전히 버린 적이 없으시지요. 주님 자신이 광야에서 40일 동안 시험을 받으시면서 우리가 어떻게 악마에 대항해야 할지를 가르쳐 주셨어요. 그래요. 모든 것이 다 잘 되어가고 있을 때, 그리고 하나님의 자녀들이 자기만족에 빠져 재잘거리며 잡담할 때, 문제가 다가오지요. 우리는 알아채지 못하고 있지만 지금도 악한 자는 알곡 사이에 가라지를 뿌리고 있답니다." 아주 예언적인 말이었다.

병동에서 환자를 살피고 의사들의 통역을 해주던 캄보디아인들은 재빨리 동향을 알아채고, 그리고 자기들의 외국인 상사가 대부분 반 복음적인 것을 알고 환자나 죽어가는 사람을 위해 기도해주러 오는 기독교인을 내쫓고 서적을 주는 것도 금하였다.

적십자 병원에는 입구에 '불교' 제단이 있어서 새 병동을 '성결하게' 하려고 불경을 외는 승려를 그곳에 초대하곤 했다. 이제 외국인 중에 불교에서 사용하는 부적을 장난삼아 목에 거는 사람이 많아졌다. '끄루 크매'라는 영매 주술사도 '토착 치료사'로 인정하여 국제 적십자가 운영하는 병동에 환영하며 맞아들였다. 그들이 주문을 외며 '치료하는' 것을 스위스 사회 인류학자가 지켜보고 있었다. 이것에는 유명한 캄보디아 지도자들조차도 캄보디아에서도 이런 일이 병원에서 허락된 적은 없었다고 항의했다. 외국인 열성파들과 즉석 전문가와 진단의(診斷醫)들은 이러한 반대를 캄보디아 문화를 압제하는 편견이라고 일축해 버렸다. 서양의 자유주의자들이 본국에서는 '전통'을 부정하다고 없애야한다고 하면서 여기에서는 스스로를 캄보디아 문화의 수호자로 자칭하면서 캄보디아 사회를 조종하고 화석화시키려고 하고 있었다.

외국인과 캄보디아인들이 기독교의 이름으로 캄보디아 문화를 말살시키려 한다는 것이 일반적인 불평이었지만, 사실은 캄보디아 기독교인들은 자기들이 정한 스케줄대로 움직이고 있었을 뿐이었다. 수용소에서 사역하는 외국인 기독교인들은 한두 명뿐이었다. 그들은 캄보디아 말을 할 수 있었고 그들이 하는 일에 대해서는 태국 군인과 수용소 직원들이 주의 깊게 지켜보고 있었다. 국경의 출입은 태국 군인의 허가증을 받아야 했다.

반면 불교도들은 기독교인보다 그 수가 20배 정도 많았다. 그들은 주도적으로 구조를 펴고 있는 국제 구호 단체로부터 적극적인 후원을 받고 있었고 5,500만 명이라는 태국의 불교도 바다에 둘러싸여 있었다. 태국 불교는 경건하면서 백성들이 아주 사랑하는 왕의 지도를 받고 있었지만 피난민을 위해서는 신체적으로나 영적으로 거의 아무 도움도 주지 않았다. 그리고 수용소 내에서도 '부처'의 이기심 없는 정신을 가지고 살면서 사람들을 돕는 캄보디아 불교도는 거의 없었다. 대신에 그들은 스스로를 의롭게 여기면서 정치 사회적 반응을 보이는 세력을 대표했다. 그들의 주요 후원자들은 외국인 자유주의자와 지식인들이었다. 카오 제 1당에서는 성경 중심의 캄보디아 기독교인들에게 가는 것 보다 캘리포니아의 '전인적 치료자들'이나 캄보디아 주술 치료사들에게 가는 것이 그저 단순히 병자를 위해서 기도하고 예수 그리스도에 대해 알려 주는 것 보다 나아 보였다. 1979년 이후 캄보디아인을 도우려고 태국에 온 수 많은 강한 성격의 세속적 의료 구호 기관들은 다양한 관념과 철학을 가지고 긴장과 경쟁, 논쟁을 하면서 각 사람은 자기 눈에 옳은 대로 행동했다. 아마도 그들에게 유일하게 일치하는 면이 있었다면 그것은 외국인이나 캄보디아인이나 성경적 기독교를 싫어한다는 것이었다.

어느 날 '별난' 사건이 있었는데 새로 지은 적십자 의료 시설에 불이 붙어 폭발하여 완전히 부서졌다. 최근에 승려가 불경을 외며 축복을 빌었던 건물이었다. 3만 평이나 되는 곳에 밀집해 있는 마른 대나무 초가집들에 그 불이 붙어 번지지 않은 것은 기적이었다. 그 비싸게 지은 새 병원에서 남아 있는 것이라고는 줄지어 놓여 있는 검게 타버린 강철 침대 틀과 완전히 녹아버린 제단 흔적뿐이었다.

어떤 면에서 캄보디아 기독교인들은 백인은 전부 기독교인이거나 최소한 믿음에 호의적일 것이라는 잘못된 생각을 갖고 있어서 그것이 벗어나기 힘든 올가미였다. 이 모든 위험으로부터 그들을 보호할 수가 없었다. 그들은 힘든 경로를 통해서 그것을 배워야 했다. 냉소적인 기자들은 그들의 즉흥적이고 어린아이 같은 간증을 비웃었고 고의적으로 그들의 순진한 간증을 왜곡시켜 기독교를 최악으로 보이게 하는 기사를 만들어냈다. 방문객들이 연이어 와서 사진을 찍고 영화를 만들고 그들을 인터뷰했다. 어떤 때는 그것이 자기들을 선전하여 기금을 만들려는 목적이기도 했다. 여러 가지 선물을 가져 오는 사람들도 있었는데 어떤 것은 도움이 되었고 또 어떤 것들은 짐이 되기도 했다. 예를 들어 붉은 색으로 '기독교인만을 위해서, 내 마음에 계신 예수' 등의 글이 드러나게 쓰인 노란 티셔츠 같은 것을 수용소 감옥 안의 도적이나 범법자들이 입고 있으면 교회가 언론에 나쁘게 비칠 수 있는 것이었다. 카메라에 찍히기 원하는 기부자 뿐 아니라 티셔츠가 필요한 캄보디아인에게도 화가 될 수 있는 일이었다.

영리한 사기꾼이나 이단들이 좋은 물건과 서양의 후원을 약속하면서 다가오면 쉽게 마음이 변했다. 이민 면접을 하러 대사관 직원이 오면 완전한 정직보다는 사리를 추구하는 쪽으로 기우는 경우도 있었다. 사람들은 세례증이 '기독교 국가'인 서양에 정착할 기회를 더 쉽게 갖게 할 것이라고 생각하기도 했지만 대사관 직원들은 전혀 감명을 받지 않았다. 교회에서 영어를 공부하고 사용하는 것을 중요하게 여겼고 특권으로 생각했다. 사람들에게 감동을 주려는 의도로 설교 중에 영어 단어를 사용하기도 했다. 서양 기독교의 외형을 선호하여 늘 입고 쓰던 전통적인 것 대신에 성가대 가운, 서양 악기, 성직자 의복과 넥타이 등을 사용하는 것은 기독교가 서양 종교이고 캄보디아 개종자들은 자기 문화를 버린 서양의 로봇이라는 오해를 부추길 뿐이었다. '개종자'가 몇 명이라는 보고는 과장될 때가 많았다. 너무 빨리 교회의 지도자가 된 경우, 자만심으로 부풀리는 사람들이 있었다. 필연적으로 힘의 정치와 허세가 추한 모습을 드러냈다. 이것은 '대중적인 움직임'이었고, 대중을 목회할 성숙하고 현명한 캄보디아 기독교 지도자들은 몇 명 남지 않았으며, 그렇게 많은 가라지가 뿌려진 상태였기 때문에 교회는 1980~82년 최고로 잘 운영되고 있었다. 어떤 때는 곡식이 뿌리 채 뽑힐 위험을 감수하고라도 '잡초'처럼 보이는 것을 완전히 뽑아버리고 싶은 유혹이 있었다. 카오 제 1당 수용소를 떠나 서양 문명의 '물댄 동산 같은 평지 도시'에 정착했을 때, 그들에게는 영적인 몰락과 타락이 있었다.

처음에는 '대기소'였던 곳이 '제 3국'으로 보내어 정착시키기 위해 수천 명을 선발하는 장소로 바뀌었다. 또 수천 명이 그곳 수용소에 갇혀 의존적이고 아무 일도 하지 않으며 게으른 채로 남게 되었다. 피난민들은 그곳에서 나태함이라는 새로운 문화를 만들었다. 카오 제 1당 같은 수용소는 기세 좋게 시작했지만 흐느낌으로 끝난 곳이었다. 나라들이 와서 자기들이 원하는 사람들을 데리고 가고 남은 사람들에 대해서는 태국, 말레이시아, 홍콩이 걱정하도록 했다. 1980년 말경, '파티'는 완전히 끝났다. 이제 아무도 남아 있는 '찌꺼기'에 관심을 갖지 않았다. 태국 국경에 이 '버려진' 사람들, '선택 받지 못한' 사람들은 또 10여 년을 그곳에서 지내다가 1993년 대부분 캄보디아 지역 중에서 크메르 루즈가 다스리던 곳으로 옮겨갔다. 많은 경우 첫 번째보다 두 번째 상태가 더 좋지 않았다.

서쪽 방콕으로 가는 길 도중에 있던 파낫니꼼 수용소는 서양으로 갈 피난민을 위해 돈을 들여서 '집처럼' 진 곳이었다. 방콕에는 출국을 위해 잠시 머물던 대기 시설이 몇 군데 있었다. 룸피니, 수안플루, 딘 다엥과 같은 곳에서 일주일 정도 마지막으로 건강을 체크하고 이민 수속을 마치면 그들은 마침내 커다란 은색 새에 올라타고 캄보디아에서 수천 마일 떨어진 곳으로 가는 것이었다.

국경 수용소에서나 대기 시설에서까지 기독교 선교사들과 자원 봉사자들은 피난민의 육체적, 감정적, 영적 필요를 살펴 주었다. YWAM[1] 선교회(예수전도단)에서도 태국에 헌신된 청년 사역자들을 20여명 보내주었는데 이 젊은이들은 말 그대로 무슨 일이든지 기꺼이 도와주었다. 그리고 YWAM은 결코 복음을 부끄러워하지 않았고 자기들이 하나님의 백성이라는 것을 늘 담대하게 밝혔다. 어떤 때는 그것으로 인해 융통성 있고 세련된 그룹의 냉대를 받기도 했다.

한번은 내가 캄보디아 사람들과 이야기를 나누고 있는데 YWAM 청년들이 꾀죄죄한 옷차림으로 화장실에서 나오는 것이 보였다. 아주 불결했던 수용소 화장실을 자원해서 깨끗이 청소한 것이었다. (이 시골 사람들의 화장실 습관은 유감스러운 점이 많았다. 이들은 현대식 화장실에 익숙하지가 않아서 여러 사람이 쓰는 화장실에 앉는다는 자체를 혐오했다.) 피난민들은 방콕에 있는 이 붐비는 대기 시설에서 아무렇게나 살았다. 나와 이야기를 나누고 있던 캄보디아인들은 허름하게 입은 이 국제팀을 보고 그들이 모두 죄수이거나 마약 중독자여서 태국 정부에 잡혀 벌을 받고 있는 것이라고 확신했다. 그렇지 않다면 백인 남녀가 그렇게 더러운 일을 할 리가 없다는 것이었다. 나는 캄보디아 사람들에게 이 젊은이들은 죄수가 아니라 예수님을 섬기는 마음으로 예수님이 그렇게 해주신 대로, 바로 그들이 더럽힌 것을 청소하고 있는 기독교인이라고 가르쳐 주었다.

캄보디아인들은 천한 일을 하고 인류평등주의적인 행동을 한다고 해서 자동적으로 감동하지 않는다. 반대로 그러한 일을 하

---

1) Youth with a Mission

는 사람들을 보면 더 열등한 사람, 죄수이거나 어리석은 사람, 공덕을 쌓지 못한 사람, 즉 결국 멸시할 사람들로 쉽게 생각한다. 아란야쁘라테트 수용소에 한 미국 의사가 있었다. 아주 좋은 기독교인이었다. 병동 벽이 피가 묻어 더러웠는데 아무도 그것을 씻지 않자, 어느 날 청바지를 입고 나타나 팔을 걷고 비눗물을 가져와서 손수 그것을 닦아내었다. 그는 즐겁게 그 일을 하였다. 그런데 그가 한 일이 수용소 내에 소문이 나자 어떤 사람들은 무서워했다. 사람들이 일반적으로 내린 결론은 그런 일을 하는 것을 보니 별 쓸모없는 이류 의사임에 틀림없다는 것이었다. 의사라면 의사답게 흰 가운을 입고 명령을 내리며 더러운 일은 아랫사람에게 시키고 높은 사람에게 유리하게 상황을 바꿔야했다. 캄보디아인들은 사회적 교육적 계급과 지위와 재산에 민감했다. 피부색이 옅은 것도 아름다움과 우월성의 표시였다. 이러한 태도가 깊이 뿌리박혀 있었다. 우리의 외적인 모습과 가진 것은 우리가 전생에서 행한 선악의 결과로서 좋고 나쁜 까르마(운명)인 것이다. 그러므로 우리가 다른 사람에게 어떻게 대우를 받느냐 하는 것도 그것으로 정해진다. 이러한 철학과 문화의 충돌을 무시해서는 안 된다.

OMF의 앨리스 컴페인(Alice Compain)은 그곳 간이 수용소에서 새로 오는 사역자들에게 오리엔테이션을 해주고 수천 명의 난민을 그 혼란스러웠던 재정착의 시기 동안 내내 도와주었다. 그러한 일로 많이 알려진 선교사였다. 태국 기독교인을 포함한 도움이들과 팀을 이루어 피난민이 유럽의 겨울을 날 수 있도록 옷을 제공하고 방콕 병원에 남겨진 환자와 죽어가는 사람, 그리고 감옥에 유치된 사람도 방문했다. 목자의 마음으로 캄보디아 사람들과 광범위하게 연락하며 돌보았고 기독교 해외 연락망을 가지고 그들이 어디를 가든지 살 수 있도록 사전 안내를 해주었다. 영적으로 지혜롭게 상담도 해주고, 난민을 친척과 후원 그룹에 연결시켜주고, 자기 집에서 친교를 나누도록 해주고, 태국 공무원들과 연락을 취해 주었다. 특별한 모임들을 만들고, 기독교 문서를 여러 언어로 함께 출판했으며 그 외에도 자기가 사랑하는 캄보디아 백성들을 위하여 개인적으로나 가정적으로 수없이 많은 일을 해주었다. 그 바람 한 점 없는 대기 시설에는 소리 지르는 아이들, 말리고 있는 빨래, 끓고 있는 냄비, 침낭, 확성기 소리가 있었고, 수백 명의 난민이 소란스럽게 밀려 들어오고 있었다. 그 와중에서도 앨리스는 성경과 찬송가를 펼친 성도들과 함께 앉아 고요히 아름다운 선율의 바이올린을 켜고 있었다. 그것이 우리들 대부분에게 가장 인상 깊게 남아 있는 앨리스의 모습이었다.

바로 이 자리에서 앨리스는 재능 있는 캄보디아 기독교인들이 성경 말씀 속에서 자신들의 깊은 영적 여정의 경험을 가지고 크메르 고유의 음악적 유산을 사용하여 만든 찬송가와 복음성가를 모으고 분류하였다. 1989년 번역된 캄보디아 찬송가에 더하여 완전히 새로운 캄보디아 찬송가가 출판되었다. 그 안에는 이곳에서 모으고 분류한 200곡 가량의 아름다운 크메르 전통 가락의 찬송가가 들어있다. 오늘날 캄보디아 성도들은 캄보디아에서 캘리포니아까지 그야말로 전 세계에서 크메르 고유의 찬양을 옛것, 새것 할 것 없이 마음껏 부르고 있다. 그러한 것에 영감을 받아서 삼 사린(Sam Sarin)과 같은 훌륭한 음악가가 나왔다. 그는 현재 호주에 살면서 하나님의 영원한 진리를 캄보디아의 고전 음악, 민속 음악에 훌륭하게 담아 연주곡목으로 내놓고 있다. 복음전도자와 극동 방송과 같은 라디오 방송으로 나가는 크메르 고유의 맛과 신학과 간증의 프로그램이 이러한 음악으로 인해 더욱 호소력을 갖게 될 것이다. 오늘 날 캄보디아에 번역되어 유행하고 있는 서양의 현대 복음 성가나 이전 세대에 부르던 무디나 생키의 번역곡이 캄보디아 대중의 귀에 풍성한 음악적 유산으로 가지고 있는 자기 민족 고유의 가락보다 더 마음에 감동이 될지 나는 모르겠다.

방콕의 룸피니 대기 시설에서 이전 론놀의 수하에 있던 소티라는 군인을 만났는데 그도 아주 뛰어난 사람이었다. 크메르 루즈가 가스로 공격했을 때 눈이 타서 완전히 실명한 상태였다. 그는 전형적인 군인으로 술을 많이 마시며 함부로 살았고 머리의 상처가 보여주는 대로 늘 싸움질을 하며 살았다. 그런데 지금은 겸손하게 간증을 하고 있었다. "주님께서 내 마음의 눈을 열기 위해 신체의 눈을 없애셨습니다." 그는 아주 음악적 재능이 뛰어나서 캄보디아의 전통 악기인 두 줄 바이올린 켜는 것을 좋아했다. 그 악기는 내가 아란야쁘라테트에 있을 때 기술자를 시켜 그에게 하나 만들어 준 것이었다. 마침 그에게 함이라는 동갑내기 친구가 있었다. 그는 캄보디아에 있을 때 다친 상처 때문에 아주 몸이 약했다. 그들은 함께 독일로 가서 함은 소티의 눈이 되어 주고 소티는 함의 팔이 되어 주며 예수 그리스도 안에서 잘 살고 있다.

1981년 7월부터 매주 방콕에서 캄보디아인 수만 명을 비행기에 실어 날랐다. 그들은 카오 제 1당과 스라까우 제 2수용소 같이 새로 지은 곳에 있던 사람들로 죽기 직전에 그곳에 와서 목숨을 건졌다. 결과적으로 이 수용소에 있던 대규모의 기독교 공동체는 그 수가 줄어들었고 열정적이었던 초창기의 지도자들과 성숙한 기독교인들도 사라지게 되었다.

1975년부터 시작되어 1981년에 그 정점을 이루었던 태국 난민 수용소의 대추수에는 알곡과 쭉정이가 함께 들어 있었다. 이제 키질과 타작이 이루어져야 했다. 모아진 곡식은 여러 사람의 발에 밟혔고 사방으로 던져졌다. 어느 것이 주께서 심으신 좋은 씨앗이고 어느 것이 세상과 육과 악한 자가 심은 것인지 시간 속에서 증명될 것이었다.

앨리스 컴페인. 소란스럽던 수용소에서 앨리스는 고요히 아름다운 선율로 바이올린을 켜고 있었다.

제 14 장

이삭줍기

그러나 그 안에 주울 것이 남으리니
감람나무를 흔들 때에 가장 높은 가
지 꼭대기에 과일 두세 개가 남음 같
겠고 무성한 나무의 가장 먼 가지에
네다섯 개가 남음 같으리라 이스라엘
의 하나님 여호와의 말씀이니라.
이사야 17:6

1980년대 캄보디아의 추수 밭에 있던 갈색 그루터기는 줄곧 먼지와 재가 들러붙어 있었다. 베트남이 번개같이 쳐들어왔을 때 전쟁터가 되어 다 타버린 흔적이었고, 크메르 루즈가 전속력으로 달아날 때 눌린 땅에 남은 자국이었다. 또한 1979년 말경 캄보디아인들이 태국 국경과 난민 수용소를 향해서 구름같이 떼를 지어 짓밟고 지나간 자리였다.

캄보디아에서 1970~75년에, 난민 수용소에서 1975~81년에 일어났던 대추수의 현장 두 곳을 진단해 본다면, 첫 번째 현장에 모였던 곡식은 대부분 땅에 떨어져 죽었다. 그리고 두 번째 현장의 곡식에는 가라지가 많았는데 해외에 유출되어 외국 타작마당에서 키질을 당했다. 그러나 그 두 곳 외에도 남은 이삭이 있었다. 행복한 도취감이 지나가고 추수꾼이 다 떠난 자리에 아직도 땅에 광주리에 가득 담아 넣을 소중한 곡식이 남아 있었다.

1979년 말, 캄보디아인 수만 명이 멍한 상태로 프놈펜에 돌아오고 있었다. 그들 가운데 얼마 남지 않은 기독교인들은 도시 안팎에서 5군데로 나누어 모이고 있었다. 붕이뿐, 두이멕, 올드마르껫, 뚬눕떽에서 레악 예아 목사 그룹이 모였고[1], 이전 따크마 신학교 근처 쁘라익딸룽에서는 시앙 목사 중심으로 모였다.[2] 이 대여섯 군데에서 200여명의 형제자매와 그들 가족이

---

1) 이름 바꿈
2) 이름 바꿈

모였다. 이들은 남은 자였다. 소중한 이삭이었다. 이전의 대추수에서 거둔 수천 명 중에서 남은 사람은 단지 이들 뿐이었다.

그들은 모이면 이전에 그랬던 것처럼 찬송을 부르고 기도를 하며 성경을 읽었다. 아이들은 교재를 외웠으며 몇 명이 나와서 특별 찬양을 했다. 그런데 무엇보다 감동적인 것은 그 무서웠던 폴폿 기간 동안에 주께서 어떻게 공급해 주시고 구해주셨는지 하는 간증들이었다. 목사나 지도자는 성경 한 구절을 가르쳤고, 죄를 버리고 주님을 충실하게 따르라고 권면하면서 모임을 마쳤다.

1980년 6월, 5년 만에 처음으로 따크마의 바싹 강에서 세례식이 있었다. 아침 일찍 50여명이 모여 예배를 드리고 성찬을 나눴다. 그리고 막 세례 받으려고 하는 19명의 간증을 들었다. 1974~75년 긴박감과 흥분 가운데 있었던 대중 세례식을 생각나게 하는 즐거운 기회였다. 그런데 이번에도 그때처럼 반대의 먹구름이 다시 다가오고 있었다.

1980년 중엽, 교회의 짧았던 '신혼기'가 끝이 났다. 베트남군 20만 명이 지지하는 새 정권이 강화되어 들어섰다. 그러나 성도들에게 서로 만날 수 있는 장소가 허락되어 간신히 숨을 돌릴 수 있었다. 분명 1975년 교회 중 아주 적은 수가 그 '킬링필드'에서 살아남았다. 기독교 공동체가 캄보디아에서 완전히 사라진 줄 알았는데 그게 아니었다. 지도자만 해도 목사 세 분이 아직 살아 있었다. 홈 목사는 1979년 11월 바탐방 성도 40여명과 태국의 카오 제 1당으로 피난했다. 그 후 얼마 지나지 않아 레악 예아 목사도 남은 자가 포위되고 그들에 대한 공격이 강화되자 1980년 6월 프놈펜에서 나와 그들과 합류했다. 노인이 된 시앙 목사도 1980년 초, 태국 국경의 카오 제 1당에 가서 몇 달 지내는 것이 현명할 것이라고 생각했다. 그러나 후에 아직 프놈펜에 남아 있는 가족에게로 돌아왔다. 그러므로 이 노(老)목사는 1975년 이전 크메르 복음 교회 목사들 중에서 크메르 루즈나 이민 시기에 살아남아 국내에서 활동한 유일한 분이었다.

레악 예아 목사는 폴폿의 옹까 정권 아래에서 4년씩이나 그렇게 압박을 받았는데 이 새 정권이 모든 기독교 모임을 없애려고 하는 것에 깊이 실망했다. 친 베트남 괴뢰 정권의 군인들이 무장을 하고 저녁 기도 모임과 주일 예배에 다니며 그것이 불온한 모임이며 불법이니 모이지 말라고 명령했다. 몇 권 안 되는 성경도 몰수당했다. 하나님을 그만 믿어야 할 것이며 모든 기독교 활동을 금한다고 하였다. 어느 주일 날, 레악 예아는 사도행전에서 고난이라는 주제로 가르치고 있었다. 그들이 모였던 뚬눕뗙 집회소를 군인들이 전부 둘러쌌다. 이런 일이 두 번씩 있었다. 레악 예아는 계속 감시를 받다가 CIA 첩자라고 고소를 당했다.

기독교 장로 대표단이 정부에 가서 예배할 수 있도록 허락해 달라고 했지만 완전히 거절당했다. 기독교인들은 다시 한 번 위험을 무릅쓰고 흩어져서 3~5명씩 집이나 외딴 곳에 비밀리에 모였다. 책들도 몇 장씩 숨겨 가졌다. 결혼, 장례, 기독교 기념일 등도 지켰는데 알고 신뢰하는 사람들끼리만 있을 때 조심해서 식을 진행했다. 늘 현실에서는 잠입, 배반, 체포 등이 있었다. 1980년대 내내 그 정도는 달랐지만 계속해서 이러한 압박을 받고 있었다.

근거 있는 이야기는 아니지만 교회에 대한 정부의 적대감과 의심을 이해할 수도 있을 것이다. 우선 당시 정권과 백성들은 대부분 캄보디아 기독교인을 좋아하지 않았다. 이 나라 역사 속에서, 특히 어려울 때 교회는 언제나 손쉬운 희생양으로 이용되었다. 교활하고 부패한 정치인들이 '크메르를 위하여!'라는 슬로건을 가지고 불교도인 대중의 화를 돋우는 일은 그리 힘든 일이 아니었다. 이 정권이 공산주의이든 아니든 뭐가 다르겠는가?

둘째로, 캄보디아 인민 공화국은 전제적인 정부로서 이론적으로는 마르크스 레닌주의였고 소련의 재정 지원을 받고 있었다. 신을 믿는 기독교와 그 철학이 충돌하는 이론이었다. 사실상 헹삼린 대통령, 당서기 치아심 그리고 훈센 총리 같은 사람들이 1978년 중엽까지 크메르 루즈의 중심 지도자들이었다. 정치적인 표범이 그 반점을 바꿀 수 있는가? 정치인들은 힘을 유지하고 싶을 때 그들의 이상(理想)을 실용주의로 다양하게 조미한다. 이것도 예외가 아니었다. 소수인 이슬람도 인정을 받고 있고 캄보디아의 국교인 불교의 일파도 정부의 후원으로 번영기를 누리고 있었다. 그런데 아직도 나이가 들어야만 승려가 되는 것을 허락하였다. 그리고 소름끼치는 공동 무덤과 산더미처럼 쌓인 해골을 나라 전역에서 파내어 정치적으로 이용하고 있었다. 무수한 절과 제단을 새로 만들어 대중의 정령 숭배에 새

활력을 불어 넣었다.

셋째, 당시 정권에게는 안팎으로 적이 많았다. 크메르 루즈가 새롭게 정비하고 재무장하여 정부의 중추 기관을 더 깊고 가까이에서 공격하고 있었다. 재목과 보석이 풍부한 태국 국경에 있는 자기들의 은신처에서 힘을 길러 나오고 있었다. 시하누크가 1982년 베트남을 대항해서 그은 해방 전선은 크메르 루즈 대신에 이제는 UN과 서양과 아시아인이 다스리고 있었다. 그러니 막시스트인 정부로서 외교적으로 고립되어 있고 경제적으로도 막혀 있으며 군사적으로 압박을 받고 있는 상태에서 서양 기독교 봉사자와 우애가 좋은 현지 기독교 사역자들을 의심의 눈으로 보는 것은 어쩌면 당연한 일이었다. 교회는 위험 요소가 내재되어 있는 일당이자 'CIA와 한 패'이기 때문에 절대로 믿어서는 안 될 대상이었다.

1980년 프놈펜의 소피엡 집에서 성탄을 축하하는 모임이 있었는데 서양인 3명이 그곳을 다녀왔다. 그 후 캄보디아 기독교의 젊은 지도자였던 소피엡은 CIA 첩자라는 누명을 쓰고 감옥에 갇혔다. 소피엡은 전에 교회의 마라나다회에서 성경을 가르쳤고 성도들을 모아 소규모로 제자 훈련을 하고 있었다. 어느 주일 날 오후 7시 30분경 집으로 가고 있는데 누군가 자기 뒤를 쫓아오고 있었다. 그들은 그에게 총을 빼들고 손을 들라고 하더니 그 자리에서 체포하였다.

"집에서 모임을 하고 있지? 몇 명이나 모이지? 무엇 때문에 모이는가? 12월 24일 모인 것은 무엇 때문이었나?"

"우리는 기독교인입니다. 크리스마스를 축하하기 위해서 모인 겁니다."

"왜 크메르인이 크리스마스를 축하하는가? 이건 서양 종교가 아닌가?"

"나는 기독교인입니다."

소피엡은 자기가 지난 몇 년 간 예수 그리스도를 따라서 살았던 이야기를 해 주었다. 매일 아침과 저녁에 기도를 하고 있으며 일요일은 그리스도께서 부활하신 것을 기념하는 날로 하나님의 백성이 함께 모여 예배를 드린다고 했다. 그리고 자기를 체포한 사람에게 크리스마스의 의미와 중요성에 대해서 전부 설명해 주었다. 그러나 그 사람은 완강했다.

"잘못한 것을 시인하겠는가?"

"아니요, 저는 기독교인입니다."

"너는 CIA 첩자지?"

"아닙니다. 저는 기독교인입니다."

"그러면 감옥에 가야한다. 더 말할 것 있나?"

"없습니다."

소피엡은 창문도 없는 작고 어두운 감옥에 갇혔다. 그들은 전혀 먹을 것을 주지 않았다. 그렇지만 다른 성도들도 그러한 환경에서 다 그러했듯이 바로 그 감옥 안에서 그는 자기와 함께 해 주시는 하나님의 임재를 깊이 체험했다. 그래서 두려운 것이 아니라 용기와 기쁨 가운데 날마다 예배와 기도를 계속할 수 있었다. 그러나 소피엡의 몸은 시간이 지나면서 점점 허약해갔다.

감옥은 아주 더럽고 낡았고 죄수도 아주 많았다. 그 중에 한 병든 노인이 힘없이 벽에 기대어 누워 있었는데, 어느 날 그에게 이렇게 물었다. "당신이 호소하는 하나님은 어떤 분이시오?" "살아계신 하나님이시고 온 세상을 창조하셨으며 구원하시는 분이십니다." 소피엡은 그렇게 얘기하며 그와 이야기를 계속했다. 자신도 놀랄 정도로 하나님께서 필요한 성경 말씀을 생각나게 하셔서 그 죽어가는 사람에게 지혜롭게 전도할 수 있었다. "수고하고 무거운 짐 진 자들아, 내게로 오라. 내가 너희를 쉬게 하리라. 나는 온유하고 겸손하니 내 짐을 메고 내게서 배우라. 그러면 네 영혼이 쉼을 얻으리라. 내 멍에는 쉽고 내 짐은 가벼우니라." 소피엡은 그에게 예수께서 무조건 '와서 나를 따르라'고 하셨던 말씀을 되풀이해서 전했다. 노인은 결국 자기 죄를 고백하고 복음을 믿었다. 그리고 2주 후 죽었다. 소피엡은 이 죽어가는 가엾은 노인을 위해서 자기를 감옥에 보내주신 하나님께 감사했다. 그리고 이 노인 죄수가 이제는 마침내 자유롭게 되어 예수님과 영광 중에 있게 된 것을 기뻐했다.

심문과 위협을 계속 받았지만 소피엡은 '완강했다.' 다리에 쇠고랑을 차기도 하고 독방에도 갇혔으며 밥도 먹지 못했다. 그러나 아무것도 그의 의지를 꺾을 수 없었다. 어떤 때는 캄보디아 간수가 심문하기도 하고 어떤 때는 베트남인이 심문했지만 그의 대답은 언제나 같았다. "나는 기독교인입니다." 그에게 어떤 죄목을 찾을 수 있다면 단지 이 고백뿐일 것이었다.

소피엡은 다리에는 쇠고랑을 차고 있었고 아주 마르고 쇠약해졌다. 하루는 눈 감고 가만히 있자 사람들이 그를 병원으로 보냈다. '죽어가고 있습니다.' 그들이 그렇게 말하는 소리가 들렸다. 정신이 들어보니 잘 알고 있는 중국 병원이었다. 팔에 링거를 맞고 있었고 곁에 보초가 앉아 있었다.

그를 치료해 주는 쿠바 의사는 25세가량의 젊은이로 아주 친절했다. 어느 주일 날 아침, 그들끼리 있는데 쿠바인이 소피엡에게 어떻게 된 일이냐고 물었다. 소피엡은 자기가 기독교인이기 때문에 이곳에 있다고 말했다. 그 젊은 의사는 미소를 지으며 자기에게 몸을 기울여 작은 소리로 말했다. "저도 기독교인이에요. 하나님의 자녀이지요." (쿠바도 공산 동맹 국가이기 때문에 이 정부는 쿠바인을 안전하다고 생각했다.)

그날 이후 그 쿠바 의사는 소피엡의 부인과 가족에게 비밀리에 편지를 전달하고 심지어 조심스럽게 식구들을 만나도록 주선도 해주었다. 또 그가 너무 약해서 아직 감옥으로 돌아갈 상태가 아니라고까지 말해 주어 될 수 있는 대로 감옥으로 가는 시기를 늦추어 주었다. 그러나 결국 소피엡은 감옥으로 갔는데 이번에는 조금 더 깨끗하고 음식도 나은 곳이었다.

소피엡은 이제 금식했다. "당신의 뜻이면 여기에서 죽어도 좋습니다." 하면서. 간수장은 며칠 뒤 그를 보더니 이렇게 명령했다. "빨리 병원으로 데리고 가라!" 그 다음 주일날 쿠바 친구가 그를 발견했다. "걸을 수 있어요?" "예, 그럭저럭요." 의사는 2병 가득 혈청 주사를 놓아주면서 간수가 떠나고 나서 저녁을 먹을 수 있도록 준비하고 있으라고 하였다. 소피엡은 하루종일 간절히 기도하였다. 이 형제가 무슨 계획을 하고 있는 거지? 그 날 밤 천둥번개가 쳐서 아무도 거리에 나오지 않았다. 7시가 되자 마침내 간수도 떠났다. 그러자 쿠바 의사가 나타나 그에게 갈아입을 옷과 음식을 주었다. 그는 소피엡을 문으로 데리고 갔다. "여기서 나가는 길이에요. 자, 빨리 가세요." 아무도 그가 떠나는 것을 보지 못했다. 그는 친구 집에 숨어서 가족이 모두 모이기를 기다렸다. 그리고 태국 국경을 향해서 길고도 험한 길을 나섰다. 그들에게는 도망가는 길 외에 다른 선택의 여지가 없었다.

1981년 레악 예아가 온 지 몇 달 후, 소피엡도 태국 국경에서 나를 만났다. 이 형제들과 그 가족은 마침내 미국에 정착하게 되었다. (소피엡은 신학 공부를 더 해서 종교의 자유가 회복된 1990년대에 다시 사랑하는 캄보디아에서 목회를 하였다.)

***

군인들은 1980년 뚬눕떽에서 레악 예아가 인도하는 기독교 모임에 외국인이 앉아 있는 것을 보고 화를 냈다. 그들은 목사가 이 백인의 지시에 따라 일하고 있는 것으로 생각했다. 정부 관리가 시앙이 인도하는 모임에 왔을 때도 상황이 같았다. 1981년 1월 이후로 예수 종교에 관한 모든 공중 집회와 활동을 금한다는 정부의 명령에 복종한다고 강제로 서명을 시켰다. 그 지시는 공산당 중앙 위원회로부터 내려온 것이었다. 이전 교회 협회장이었던 레악 예아가 몸을 피하고 난 뒤 두려워하고 있던 교회에 또 하나의 타격이었다. "이제부터는 집에 펴 둔 모기장 안에서 예배를 드려야 합니다." 시앙은 마지막 모임에서 성도들에게 그렇게 권면했다. 연로한 목사는 감옥에 오래 갇혀 있었음에도 불구하고 위축되지 않고 계속해서 조용히 성도의 가정을 심방하며 양떼들을 격려했다. 그는 시골로 다니며 떨어져 살고 있는 신자들을 돌보았고 간증하고 설교해 주었다. 그는 성경과 신앙 서적을 구하기 위해 심지어 두 번씩이나 태국 국경의 수용소에 나타났다. 나는 그들의 자전거 뒤에 책을 실을 수 있을 만큼 많이 실어 줄 수 있었다. 그들은 프놈펜까지 또 몇 백 킬로를 자전거를 타고 돌아가야 했다.

하루는 이 국경 수용소에 베트남인이 가스를 살포한다는 소문이 돌아 수용소 안이 발칵 뒤집혔다. 외국인 구조대원들은 모두 떠났다. 그러나 마가렛과 나는 그 목사님 일행을 만날 약속이 있었기 때문에 남기로 했다. 우리는 기도하는 마음으로 조용해진 수용소의 금지된 구역을 찾아다녔다. 마침내 웃으며 즐거워하는 그분을 만났는데 낡은 중절모를 쓰고 인내심을 가지고 우리가 가져올 기독교 서적을 기다리고 있었다. 후에 독일 적십자 직원이 그것이 기독교 서적인 것을 보고는 화를 내면서 그것을 몰수하려고 했다. 그러나 그들의 젊은 통역은 그 경건한 노 목사님의 소중한 짐을 빼앗고 싶지 않았다. 통역자는 그들에게 이 '음식과 약'은 그들이 나누어주고 있는 것보다 훨씬 더 지속적인 효과가 있는 것이라고 말했다. 어찌되었건 그 캄보디아 젊은이는 이 경건한 노인에 대하여 문화적인 존경심을 깊이 가지고 있었기 때문에 왜 이 외국인들이 화를 내는지 알 수가 없었다.

프놈펜 교회가 이렇게 어려움을 겪고 있을 때 프놈펜 청소년 센터에서 이전에 내가 성경을 가르쳤던 한 젊은 여인은 시장에서 꽃 파는 일을 하면서 기독교인들에게 중요한 메시지들을 전달하곤 하였다. 꽃다발 사이에 메시지를 숨겨서 집으로 전해 주는 것이었다.

프놈펜에서는 교회에 대한 압박이 아주 심했지만, 다른 성에서는 기독교인들이 작은 마을이나 읍내에서 조용히 모이는 일에 그렇게까지 어려움을 겪지 않았다. 시엠립과 바탐방 마을에서는 홈 목사와 중심 되는 가정들이 떠났음에도 불구하고 타고 있는 믿음의 불꽃을 신실하게 지키고 있는 '아주머니, 할머니'들이 있었다. 그들은 성도들을 자기 집에 모이게 하여 함께 교제하며 기도하고 찬양하고 성경을 읽었다. 정규적인 성경적 신학 지식이 부족한 부분을 그들은 끊임없는 기도와 순진한 믿음, 그리고 주님의 기쁨으로 보충하였다.

다른 시골 지역은 성도들이 아주 드물게 널리 퍼져 있었다. 작은 그룹이 모이고는 있었지만 감히 크게 찬양하거나 전도하지 못하고 있었다. 시엠립의 한 마을은 기독교인들이 모이는 것을 금했다. 대부분 두 세 가정씩 집에서 모였는데 주로 연로한 성도들이었다. 깜뽕톰이나 끄라쩨 같이 멀리 떨어진 곳에는 믿는 가정이 한 둘 밖에 없었다. 깜뽕짬과 바탐방에 있던 교회 건물은 완전히 파괴되었다. 프놈펜에 있던 호렙과 사렙다 교회도 마찬가지였다. 가끔씩 이 다른 지역의 성도들이 프놈펜에 와서 이전에 자기들을 가르쳐주던 지도자들이나 성경책, 찬송가를 찾았다.

프놈펜에 있는 중심 되는 교회에서 떨어져 있는 성도들과 고립된 신자들에게 극동 방송국에서 아침저녁으로 한 시간씩 들려주는 캄보디아 기독교 방송은 아주 큰 힘이 되었다. 라디오가 수신도 완전하지 않았고, 수도 부족했으며, 프로그램 내용도 그리 다양하지 못하고, 공산 독재 정권 아래 견뎌내야 하는 현실과는 좀 동떨어진 감이 있기는 했지만, 최소한 그 방송은 갇혀있는 캄보디아 교회에 가르침을 제공하고 분명한 초점을 맞출 수 있게 해 주었다. 특히 나이 든 시골 신자들에게 감동적이었는데 캄보디아 말로 설교하는 그 목소리의 주인공이 누구인지 알 수 있었기 때문이었다. 방송 속의 목소리들은 초창기부터 아주 사랑받던 기독교인들이었다. 산하이성(림청)과 같은 사람은 원래는 깜뽕짬 사람인데 지금은 캘리포니아에서 캄보디아 방송 자료를 준비하고 있었다. 아름다운 목소리의 주인공 낌뉘는 빠일린 교회 목사였던 꾸잇꿍의 딸로 태국을 경유해서 1975년 텍사스로 가게 되었다. 1990년 초, 한 번도 다른 성도들을 만나보지 못한 신자 그룹이 발견되었다. 그들은 라디오 주위에 모여 앉아 방송에서 하라는 대로 따라서 했다. 그들은 집에 십자가를 걸었고 어떻게 기도해야할지를 알고 있었다. 그들은 오직 라디오 전도와 사역만을 통해서 예수님을 구주로 믿은 것이었다.

외적인 위협뿐 아니고 내적인 문제도 아주 소수였던 캄보디아 교회의 남은 자가 성장하는 것을 방해했다. 이렇게 남아 있던 성도들은 거의 배우지 못해서 크메르 루즈에게 잔인한 대우를 받았다. 그리고 가난했기 때문에 유혹에 약했다. 탐욕과 간통, 그리고 좋은 의도로 해외에서 오는 선물 때문에 발생하는 소소한 시기심이 주된 함정이었다. 뇌물수수와 타락이 삶의 방식으로 만연해 있는 사회에서 성실하게 사는 일은 쉽지 않았다. 상대를 가리지 않는 성행위와 부정(不貞)은 캄보디아가 안정되어 있을 때도 흔한 일이었고, 크메르 루즈의 손에 대부분의 젊은이들이 죽게 되자 더욱 악화되었다. 과부가 수없이 많았는데 그들은 무력했고 유혹에 약했다. 크메르 루즈 시대가 지나 전쟁의 상흔이 남아 혼란스러웠던 1980년대, 아이를 기르고 연로한 가족을 돌보려니 난감했던 것이다. 모든 삶이 파괴된 상태에서 개인이 살아남고 안전한 것이 가장 중요했다. 여자의 수가 남자보다 6배는 많았다. 과부와 남편을 찾는 결혼 적령기 소녀들에 비해서 남자의 수가 턱없이 부족했다. 남자는 문자 그대로 부르는 것이 값이었다. 많은 사람들이 이 여자 저 여자에게 옮겨 다녀도 비난받지 않았다. 불행하게도 기독교인들도 자기 아내를 버리고 간음을 하였다. 다시 타락하기도 했고 원한을 품었으며 절망했다. 배반자도 있었고, 다른 사람의 거침돌이 되기도 했다. 성경 지식과 가르침과 좋은 모범이 없는 것이 비극이었다. 교회에 제도가 세워져 있지 않았고 지도하는 사람이 없었다. 새로 믿은 사람들이 너무 빨리 리더가 되어 교만했고 경솔했다. '

빵 때문에 오는 기독교인' 문제는 괴로운 빈곤 속에서 피할 수가 없는 일이었다. 크메르 루즈의 근절 정책이 끝났음에도 불구하고 이 '킬링필드' 이후 시기의 교회는 아주 위험하고 불안했다. '목자 없는 양같이 유리하고' 있었다. 어려웠던 1980년대 동안 뿌리내린 이러한 강점과 약점은 1990년대 계속해서 그 결과가 열매로 나타났다.

　　캄보디아에서 살아남아 있던 기독교인의 편지와 글을 선택하여 인용해 본다. 그 중 몇 명은 1975년 이전부터 우리가 알던 사람으로 1979년 태국에 있을 때 받았던 글들이다. 그것을 보면서 그들의 갈등을 잘 알 수 있었다.

　　사랑하는 선교사님; (OMF의 앨리스 컴페인에게 쓴 편지)
　　1975년 4월 17일 공산당의 공격으로 크메르 공화국이 무너지고 캄보디아 정권이 바뀌게 되어 오랫동안 만나 뵙지 못했네요. 고통의 시기에 틀림없이 캄보디아 성도들을 위해서 그리스도의 사랑으로 기도해 주셨겠지요. 이 기근과 물자 부족, 압박과 살인의 어두운 시기에 성도들이 얼마나 고통을 받았는지 모릅니다. 공산당이 지배하면서 교회에 모이지 못하게 되었습니다. 그렇지만 사실상 그 사건으로 인해 캄보디아 전역에 '조용히 모이는 교회'가 생겼습니다. 그 사람들은 십자가를 부수고 성경을 불태워서 그 교회나 성도의 모임을 없애려고 하였습니다. 그들은 하나님을 의지하지 말고 위대한 크메르 공산당을 사랑하여 그 말을 절대적인 강령으로 따르라고 가르쳤습니다. 결국 우리는 교회나 성경 학교에 전혀 갈 수가 없었습니다. 그러니 우리가 하나님께 대한 본분을 다하기가 얼마나 어려웠겠습니까. 제가 살고 있는 주위에서 아내 외에 기독교인을 본 적이 없습니다. 우리는 완전히 고립되어 있었습니다. 이전에는 선교사님의 바이올린과 합창단의 찬양 속에서 예배했지만 이제 저는 하나님께 나가 개인적으로 기도하고 조용히 그분을 예배합니다. 저는 날마다 농사일을 나가기 전 이른 아침에 하나님께 예배합니다. 논에서 쟁기질을 하고 써레질을 하면서 영으로 하나님을 경배합니다. 힘든 일을 할 때는 찬송을 부릅니다. 모판을 나르고 물소 수레로 거름을 옮기면서, 정글 속에서 나무와 목재를 자르면서, 관개수로를 파면서, 운하 시스템 공사를 하면서, 둑길에 자갈을 깔면서, 댐을 쌓으면서, 저수지를 만들면서 찬양을 합니다.

제가 하나님께 감사하는 것은 공산당 관리가 마음을 바꿔 제가 잡혀 있는 동안 두 번 다시 내 잘못을 캐내려고 하지 않게 된 것입니다. 한 번도 살아보지 않은 '무화과나무'라는 마을에서 처음 살 때 캄보디아 베트남 국경 정글에 숨겨 있던 비밀 감옥에 갇히게 되었습니다. 그 동부 쁘레이벵 지역에 463일 동안 잡혀 있었습니다. 간수장이 제가 아침마다 하는 기도와 식사 시간의 감사 기도를 수상하게 생각하고 있었습니다. 한 번은 저녁 재교육 시간에 자기의 질문에 대해서 공산당 장교들과 안전국 직원들이 모두 모인 앞에서 대답을 하라고 요구했습니다. 간수들과 죄수들도 제가 어떻게 대답을 하는지 주목하고 있었습니다. "저는 살아계신 하나님께 기도하고 있으며 자비하고 사랑 많으신 하나님께 감사하고 있습니다. 그분 이름은 예수이십니다."라고 제가 대답하자 그들은 "예수 믿는 사람이군." 이라고 했습니다. 저는 가만히 앉아서 벌 받기를 기다리고 있었습니다. 그 때 저는 하나님께 그들이 나에게 하나님을 믿지 못하게 하거나 더 고립된 지역으로 보내지 않는다면 마음에 위로가 되겠다고 기도했습니다. 하나님께서는 제 마음을 아시고 제 소원을 들어주셨습니다. 감옥 재판소의 판사는 나에게 사형을 언도하지 않았습니다. 대신에 다음과 같이 선고했습니다.

어두워가는 감옥의 창문가에 서서 저는 하나님의 위대하신 손길에 경외감을 느끼며 찬양하기 시작했습니다. '주님의 높고 위대하심을 내 영혼이 찬양하네...' 비가 천정과 땅을 때리며 세차게 내리고 있었습니다. 저는 마음이 지칠 때 '내 주를 가까이 하려함은..'을 부릅니다. 비록 포로로 있어도 하나님께서는 제게 풍성한 평안과 확신을 내려 주셨습니다. 아무도 나를 감옥으로 찾아와 위로해 주지 않았지만 예수님이 해주셨습니다. 날마다 걱정, 근심, 고통, 기근, 역병을 겪으면서 죄수의 2/3가 더 살지 못하고 죽었습니다. 하나님께서는 저의 선한 목자가 되어 주셔서 돌보아 주시고 먹여주셔서 지금까지 저를 살게 하셨습니다. 그래서 감옥 안에서 제가 경험한 그분의 사랑과 자비를 증거할 수 있게 해 주셨습니다.

저는 한 번도 사람 눈에 띄지 않았던 일들을 기록해 두었습니다. 1978년 10월, 저는 가족과 북동부 뿌르삿성에 있는 언덕 마을로 추방당했습니다. 그곳에는 남자, 여자, 청년, 어린아이 할 것 없이 아무 죄 없는 사람들이 이유 없이 대량으로 학살당했습니다. 그 범죄는 공산당 서기장의 강하고 절대적이며 냉혹한 결정 때문에 일어난 일이었습니다. 내 처제는 21살이었는데 타작마당에서 벼를 실어 곡물창고로 나르다가 살해당하여 스베이돈께오 강둑 곁에 있는 피투성이 도랑에 묻혔습니다. 그때 함께 오토바이를 타고 가던 90명의 다른 소녀들도 다 같은 일을 당했습니다. 제 처남 뿡은 19살이었는데 1979년 길 공사 하고 있던 현장에서 누군가가 죽여서 마구간에 버렸습니다. 장모님 과 막내처남은 인민군으로 차출되지 않으려고 까르다모메 산맥에 있 는 수용소로 피해 달아나다가 총에 맞아 죽었습니다. 아들 리다는 2 살 때 홍역과 이질 때문에 죽었습니다. 아내 소와 저는 그 죽음의 땅 에서 피해 달아나기로 결심했습니다. 저는 추방당해 있던 곳에서 떠 나 호수가 있는 해안 가 광야를 향해 아래쪽으로 내려갔습니다. 몇 주 후 우리는 다시 동쪽 프놈펜을 향해 되돌아왔습니다. 1979년 6월 8일 의 일이었습니다. 300km 가량 걸어 돌아오는데 48일 걸렸습니다. 저 는 믿는 친구들을 찾아 돌아왔습니다. 성경과 찬송가를 가져가기 위 해 베나디 교회를 찾았지만 아무 것도 없었습니다. 교회가 베트남 대 사관저로 바뀌어 있었습니다. 따크마 성경 학교는 성이 운영하는 병 원이 되어 있었습니다. 레악 예아 목사님도 프놈펜으로 오셨습니다. 저는 이전 베다니 교회에서 돕던 MSO와 그의 부인, 그리고 S형제와 그 가족, 성경학교 학생 몇 명과 아직 살아 있는 젊은이들 몇 명을 만 날 수 있었습니다. 저는 참 소망되신 주님께서 자녀를 지켜 주셔서 이 전 공산 정부를 잘 피해서 죽음의 그늘에서 벗어나 마침내 안전하게 돌아오게 해 주신 것을 감사드렸습니다. 그들은 슬픈 캄보디아의 한 가운데에 작은 교회를 세웠습니다. 그들은 모여서 하나님을 예배하 고 그분께 영광을 돌렸으며 기도하고 찬양을 올려드렸습니다. 그들은 가진 것이 많지 않았지만 서로 도우며 나누어 주었습니다. 레악 예아 목사님의 지도 아래 우리 캄보디아 기독교인들은 현재 정부에 하나님을 예배하는 자유를 달라고 청원을 했습니다. 우리는 복음적인 교회를 다시 열려고 계획하고 있습니다. 그렇지만 아직 장관에게서 그런 허가를 받지 못했습니다.

태국에서 보내온 테이프에서 다시 크메르의 전통 기독교 음악을 들을 수 있어서 얼마나 행복했는지 모릅니다. J씨도 우리와 함께 있습니다. 그는 캄보디아 성경과 찬송가를 가지고와서 가능한 방법을 찾아 우리에게 나누어 줍니다. 몇 년 전에 성경을 거의 전부 태워버렸기 때문에 그것을 다시 읽을 수 있게 되어 정말로 행복했습니다. 하나님의 말씀은 결코 변함이 없고 그분은 반드시 약속을 지키십니다. 제가 이 편지에 기록하는 활동과 사건들이 슬픔과 절망에 있는 분들에게 믿음의 격려가 되면 좋겠습니다. 그리고 제가 감옥에 있을 때 주 예수님께서 내게 성경 말씀으로 은혜와 자비를 기억나게 하여 힘을 주셨습니다. "주 여호와는 나의 목자시니 내게 부족함이 없으리로다. 내가 사망의 음침한 골짜기로 다닐지라도 해를 두려워하지 않을 것은 주께서 나와 함께 하심이라. 주의 지팡이와 막대기로 나를 안위하시나이다. 주님은 원수의 목전에서 내게 상을 베푸십니다. 주의 선하심과 인자하심이 정녕 나를 따를 것입니다." (시23:1, 4, 5, 6) 태국 친구 성도들에게 수용소와 교회에서 보내온 찬송과 간증 테이프를 우리가 프놈펜에서 기쁘게 잘 듣고 있다고 전해 주세요. 주 예수 그리스도 안에서 그분들을 문안하고 모든 축복을 기원합니다.

T. C. 의 사촌인 츠한을 만나시면 제 얘기를 해 주세요. 제가 이전 베나니 교회 다녔던 소와 결혼했다고요. 저희에게 딸이 둘이 있는데 이름은 시세라와 데마예요. 하나님의 성전에서 봉사하기 위해 바빌론에서 예루살렘에 왔던 에스라 선지자 시절의 이름에서 따왔습니다.

앤드류 웨이 선교사님이 태국에 계시나요? 그분과 함께 했던 일들이 아직도 제 머리 속에 남아 있답니다. 베나니 교회 청년 시절에 크메르 공화국의 OMF 청소년 센터를 개원하기 전에 그분과 2주 동안 같이 지내며 기도한 적이 있지요. 국립 회의장에서 열렸던 75년 차또묵 전도 대회 기간 동안 제가 그분의 안내와 통역을 했어요. 그분의 첫 강의 '사랑과 순종'도 제가 번역했습니다. 그분이 많이 보고 싶습니다. 주 예수님을 위해서 그분이 하시는 일에 주께서 도와주시고 축복해주시기를 기도합니다.

그리고 선교사님, 저를 기억하고 계시나요? 선교사님이 바이올린을 켜고 계실 때 제가 윗 소절을 불렀지요. 이전에는 샬롬에서 '사랑하는 친구여, 안녕.' 하고 작별하는 노래를 불렀지만 이제는 '우리 다시 만날 때까지 하나님이 여러분을 축복하시기를…' 하고 부릅니다. 그래도 괜찮나요? 제가 우리나라를 버리지 않고 이 죄 많은 나라를 마음을 다해서 사랑하고 우리 무지한 백성을 힘을 다해서 섬기도록 기도해 주세요.

주께서 선교사님과 태국에 있는 하나님의 자녀들을 지켜주시기를 기도합니다. 전 세계 하나님의 교회에 성도의 수가 많아지도록 기도

합니다.

그리스도 예수 안에서

사랑하는 형제 MS

(1982년 5월 18일 프놈펜에서 캄보디아어 번역한 것)

추신) 이 세상을 떠난 캄보디아 성도들의 시신은 프놈펜 근처 끔뽈레 묘지에 묻혔습니다.

크메르 루즈는 관을 전부 파내어 뼈들을 파헤친 무덤 주위에 흩뿌렸습니다. 모든 무덤이 파괴되었습니다. 조사해보니 시체가 들어있는 관이 하나도 없었습니다.

데이빗 W. 엘리슨 목사님의 무덤도 아주 깊이 파내어 그 청동 관을 누군가 가져갔습니다. 뼈는 조금 남아 있었습니다. 우리는 성도 몇 명을 시켜서 그분의 뼈를 무덤에 다시 넣도록 했습니다. 중국인, 베트남인, 캄보디아 성도들의 뼈를 다시 그들의 무덤에 제대로 넣었습니다.

우리는 아직 무덤의 봉분을 세우지 못했습니다. 엘리슨 목사님 봉분만 완전하게 만들어서 이렇게 비석을 세웠습니다.

사도행전 20:27~32

데이빗 W. 엘리슨

1898년 출생

1963년 이 땅을 떠나 천국으로 가다.

우리가 시간을 내어 성도들과 함께 이 무덤들을 모두 잘 정비해 놓을 수 있도록 기도해 주세요.

프놈펜, 캄보디아

… 오랫동안 아주 고통스럽게 살고 있는데 성도들은 아무도 그것을 모릅니다. 1975년 저는 태국 수린으로 가서 주님을 섬기려고 계획했습니다. 그런데 하나님께서는 당시에 그렇게 하도록 허락하지 않으셨습니다. 하나님의 뜻이 아니었던 게지요. 차또묵 강에서 배가 가라앉았습니다. 다행히 하나님께서 우리가 물에 빠져 죽지 않도록 건져주셨습니다.

우리에게는 어린 아이들이 있어서 여행이 어려웠습니다. 조금만 가도 아주 지쳤습니다. 빨리 갈 수 없었고 많이 쉬어야 했습니다. 그때 폴폿 군인이 우리가 가는 것을 막았습니다. 자기 마을에서 살게 하

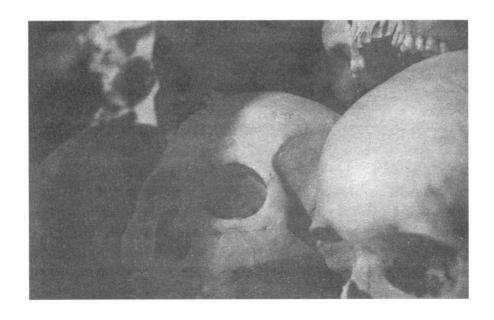

고 일을 시켰습니다. 1975년에서 76년까지 그들은 남편, 아내, 아이들을 전부 따로 떼어놓고 함께 살지 못하도록 했습니다. 사람들이 태국으로 도망갈까 봐 두려웠던 것입니다. 저를 아이에게서 떼어 놓더니 다른 사람들과 함께 숲속 끝에 있는 오루스 댐에서 일하게 했습니다. 그 사람들은 제 남편을 혹사시켰습니다. 그들은 캄보디아 전역에서 사람들을 아주 고통스럽게 하여 빨리 죽기를 소원하도록 만들었습니다.

결국 네 아이 중 둘이 아빠를 보지 못하고 죽었습니다. 그곳에서 일하고 있을 때 저에게는 감정이 없었습니다. 저는 우물의 맨 밑바닥에서 살고 있어서 아무것도 보지 못하고 그저 주변의 벽만을 보고 있는 것 같았습니다. 며칠인지 몇 월인지 아무 것도 모르고 그저 깜깜한 밤이었습니다. 날마다 강제 노동을 해야 했습니다. 조금도 쉬지 못했습니다. 미음과 타피오카를 나뭇잎에 섞은 것만 먹었는데 (그것은 제대로 만들지 않으면 독이 될 수 있는 것이었습니다.) 음식이 충분한 적은 한 번도 없었습니다. 그들은 열심히 일하게 시키고 자기들이 정한 법을 따르도록 강요했습니다. 저는 완전히 묶여서 살고 있었습니다. 나는 죽을 수도 있었지만 하나님께서 내 생명을 지켜주셔서 감사합니다. 그리고 이제 저는 다시 성도들과 함께 있습니다.

베트남인들이 온 뒤에 폴폿 공산주의자들은 모든 사람들을 숨겼습니다. 아주 고통스러웠습니다. 감사하게도 하나님께서 한 성도 가정을 보내주셔서 내 슬픔의 시간을 감해 주셨습니다. 그로부터 열흘 뒤 어머니와 동생이 와서 나와 아이들을 고향인 스룩끄로 데려다 주었습니다. 그러나 그곳에서는 하나님의 자녀로서 편안하지가 않았습니다. 하나님을 경외하며 순종하지만 벙어리처럼 예배했기 때문이었습니다. 함께 사는 것이 바른 일인가? 나는 어머니와 두 아이, 이렇게 3명과만 함께 살기로 결심했습니다.

이웃 중에는 채소를 심어 먹는 사람이 있었습니다. 콩, 양배추, 오이, 무를 심었습니다. 그들은 거둔 것을 내게 주어 팔게 했습니다. 저는 채소를 쌀과 바꾸어 그들에게 가져다주었습니다. 그러면 그들이 나와 아이들이 먹을 쌀을 주었습니다.

성도들과 선생님들 (교회 지도자들)은 교회가 없어서 매우 슬퍼했습니다.

모두가 울며 부르짖으며 기도했습니다. 저도 하나님께 몸이 약한 나를 불쌍히 여겨 달라고 울부짖었습니다. 하나님과 예수님께서 기뻐하시면 캄보디아에 있는 그분의 백성들은 완전히 멸망하지 않을 것입니다.

이 소식을 모든 성도들에게 알려 주십시오. 하나님께 종들을 도와주셔서 복음을 잘 전할 수 있도록 기도해 주십시오. 1979년 11월 25일, 9명 (노인 7명, 청년 2명)이 믿어 구원받았습니다. 하나님께 감사합니다.

하나님의 자녀들 중 몇 명이 여기 살아남아 있습니다. 하나님의 말씀을 읽고 기도하고 찬양할 때, 모든 하나님의 자녀들과 함께 마음을 다해서 크게 찬양하고 싶습니다.

끝으로 하나님이 당신과 함께 하시기를 빕니다. 너무 졸려서 눈이 감기네요. 모두 안녕히 계세요.

프놈펜, 79년 11월 11일

정말로 선교사님이 그립습니다. 우리는 날마다 선교사님들을 위해서 기도하고 있습니다. 다시 만날 수 있기를 소원합니다. 하나님께서 선교사님을 축복하셔서 캄보디아의 문이 열려 곧 오실 수 있게 되면 좋겠습니다. 웃으시던 모습과 감동적인 설교를 잊지 못하고 있습니다. C & MA와 OMF 선교사님들께 제 안부 좀 전해 주세요. 감사합니다. 하나님께서 선교사님을 축복하시기를 …. 아멘.

사랑으로 N

프놈펜, 1980년 9월 2일

주께서 제게 좋은 남편을 주셨다가 이제는 데려가셨습니다. 그는 늘 주님의 일을 하느라고 바빴습니다. 남편은 10년 동안 만나지 못했던 가족을 보러 끄라쩨로 갔습니다. 그곳에 잠깐 있으면서 어머니와 동생들을 주께로 인도할 수 있었습니다. 다시 프놈펜으로 와서 그들에게 성경을 구해다 주려고 하다가 그만 오는 길에 배가 가라앉은 것입니다. 그가 갔던 6월 16일은 이미 강 수위가 높았습니다. 시신도 못 찾고 성경과 옷밖에 건지지 못했습니다. 그래서 그는 가족을 다시 만나지 못했습니다. 저는 부모님과 오빠들과 뚬눕떽에서 살고 있습니

---

3) KH는 세레이와 결혼했다. 세레이는 성경학교 학생이었는데 OMF 선교사들과 기독교 청소년 센터에서 1년간 인턴으로 있었다. (11장을 보시오.)

다. 우리를 위해서 기도해 주세요.

그리스도 안에서 스레이 무이

캄보디아 1981년 1월

던 형제님;

저는 폴폿 정권 하에서 오랜 세월 동안 고통을 받았습니다. 그 고통 덕분에 저는 나날이 강해졌습니다. 로마서 말씀대로입니다. '하나님의 영광의 소망 가운데 기뻐하노라. 그 뿐 아니라 우리가 환난 중에도 기뻐함은 환난은 연단을 낳고, 연단은 인내를 낳고, 인내는 성품을 낳고 성품은 소망을 낳느니라. 소망이 우리를 부끄럽게 아니함은 하나님이 우리 마음가운데 우리에게 주신 성령으로 사랑을 부어주심이라.' 이 구절은 무엇이 옳고 무엇이 그른지를 알게 했으며 내 삶 가운데 가장 좋은 길을 선택할 수 있도록 도와주었습니다. 저는 세상이 악하다는 것을 배웠습니다. 하나님을 따르는 우리에게 가장 좋은 길은 '좁은 길' 뿐입니다. 그 길은 그분을 위해서 고난당하는 길입니다. 선교사님이 아주 많이 그립습니다. 프놈펜에 함께 있을 때 저는 하나님 앞에서 좋은 사람이 아니었습니다. 저는 음식과 돈 때문에 믿었습니다. 이제 저는 '사람이 빵으로만 사는 것이 아니라 하나님의 입으로 나오는 모든 말씀으로 사는 것'을 믿습니다.

형제, 소판

위 편지를 쓴 소판은 '세 악동' 중 하나였다. 프놈펜 청소년 센터에 날마다 오던 십대 말썽꾸러기들이었다. 삼총사 중 둘째 혼도 오랫동안 감옥에서 고문당했지만 아직 살아있었다. 1981년 5월, 그는 프놈펜으로 돌아와 결혼해서 선착장 인부로 일하고 있었다. 프놈펜 항구에 정박하고 있는 구호선에 가서 싱가포르 같은 나라에서 온 친절한 선원에게 부탁하곤 하여 편지를 전할 수 있었던 것이다. 한 싱가포르 항해사가 내가 전에 쓴 편지 답장을 가져온 것이었다. 내가 자기네 걱정을 하고 있는 것을 알고 야고보서 5:7,8절을 인용했다.

그러므로 형제들아, 주의 강림하시기까지 길이 참으라. 보라, 농부가 땅에서 나는 귀한 열매를 바라고 길이 참아 이른 비와 늦은 비를 기다리나니 너희도 길이 참고 마음을 굳게 하라.

그는 계속해서 내가 부탁했던 '어린 남동생' 세타 소식을 전해주었다. 세타는 나의 첫 캄보디아어 선생님이었다. 1975년 우리가 캄보디아를 떠날 때 화분을 가져가도 좋으냐고 물었던 청년이었다.

안타깝게도 프놈펜에서 세타를 찾을 수가 없습니다. 소판과 제가 열심히 찾고 있습니다. 우리는 함께 친구를 찾아 여기저기 먼 곳까지 다녔습니다. 우리들은 동료들을 묻어 주기도 했습니다. 그렇지만 그들을 잊을 수는 없습니다.

오호라, 용사가 전쟁 중에 엎드러졌도다.

선교사님 마음 아프실 것 같아 슬픕니다.

　1989년 크메르 루즈 정권과 베트남의 지지를 받던 헹삼린 정부가 물러나고 10년이 지났을 때, 상황이 많이 나아졌다. 1989년 5월 1일, 훈센 총리는 나라의 이름도 캄보디아 왕국이라고 새로 짓고 헌법도 새롭게 바꾸었다. 다시 불교가 공식적인 나라의 종교가 되었다. 9월 26일, 시민들은 무리지어 떠나가는 베트남 점령군에게 작별의 손을 흔들었다. 프놈펜은 다시 이전의 아름다움을 찾아가고 있었다. 오랫동안 돌보지 않던 공원도 돌보았고, 넓은 거리의 가로수도 노랑색, 라벤다색의 꽃으로 아름다웠다. 건물도 들어섰다. 시민들도 형형색색으로 옷을 입고 해변으로 나와 산책을 하며 왓프놈과 왕궁 앞에서 서로 사진을 찍어 주고 있었다. 도로는 트럭, 오토바이, 소, 조랑말 수레, 자전거, 그리고 시클로로 붐볐다. 공공건물, 도서관, 박물관, 학교 그리고 정부 기관들이 다시 문을 열었다. 시장에는 소비재로 가득했는데 대부분 대담무쌍한 상인 군단들이 개미처럼 부지런히 태국 국경을 오가며 밀수입 한 것들이었다. 캄보디아 통화가 다시 리엘로 돌아왔고 시장은 활기를 띠고 있었다. 길과 하수구에 산더미처럼 감겨 있던 보기 싫던 철사 줄도 사라졌다. 쌀이 조금 부족할 뿐, 더 이상 기근의 망령에 두려워하지 않아도 되었다. 십만 명 이상의 시민들은 다시 태어난 도시에서 바쁘게 움직이며 살고 있었다. 오래된 도시이지만 최근의 슬픔이 엿보였다. 그러나 분명히 시끄럽고 원기 왕성한 아이들이 있었다. 이전에는 그렇게 오랫동안 인정받지 못했던 아이들이었다. 시골은 대체로 다시 살아났고 특히 프놈펜은 생명력으로 넘쳤다. 국가적으로 재건이 이루어지고 있었다. 그러나 크메르 루즈는 베트남이 퇴각하는 것을 기회로 삼아 아주 중요한 재목과 보석이 있는 태국 국경 근처의 비옥한 땅을 차지했다. 빠일린은 아주 전략적인 곳이었다.

1979년을 시작으로 옥스팜, 기독교 원조, 메노나이트 중앙위원회, 월드비전과 같은 원조와 개발 기관들이 캄보디아의 기간산업을 구축하는 일을 도와 대단한 일들을 했다. 1975년 2월 월드 비전은 기독교 아동 병원을 완성했다. 우리가 내키지 않는 마음으로 캄보디아를 떠나기 얼마 전의 일이었다. 그 후 5년이 지난 지금에야 개원을 했다. 월드비전 지도자들은 1979년 병원 문을 여는 허가를 얻기 위해 엄청난 일을 해야 했다. 그것을 크메르 루즈는 학생들의 감옥-고문실로 사용했다. 아마 1976년 영리하게 프랑스를 속여서 돌려받았던 것 같았다. 공항에서 오는 간선도로 가에 위치한 건물이었기 때문이었다. 그것은 누추하고 냄새나는 장소로 바뀌어 있었다. 사진을 한 장 발견했는데 두 명이 손은 뒤로 묶이고 얼굴은 침대에 박은 채 죽어 가는 사진이었다. 사진에는 또 다른 시체가 4구 있었다. 한 때 깨끗했던 벽은 피와 더러운 것들이 묻어 있었다. 그러나 1980년 그 건물은 다시 한 번 70개의 침대를 갖춘 현대식 아동 병원이 되었다. 그곳에서 캄보디아의 풍토병으로 심하게 앓고 있는 아동들을 돌보았다. 도시에는 크메르 루즈 치하에서 부모가 죽은 빈민 고아들로 가득했다. 기독교 정신으로 운영했기 때문에 곧 캄보디아에서 가장 친절한 병원으로 소문이 났다. 외국인 의료진은 허름한 호텔에 머물렀는데 공산 정권은 그들의 행동을 철저하게 제한했다. 직접적인 말로 복음 전도를 할 수 없었지만 전문적인 기술의 질이나 어린 아이들에 대한 순수한 긍휼로 인하여 기독교인으로서의 증거가 참으로 빛이 났고, 그 빛은 나라 전역과 권력 기관에까지 멀리 비치었다.

압박이 점점 줄어들어 교회는 1988년 7월, 장례식을 기독교식으로 할 수 있게 되었다. 집에서 비밀리에 15명 정도씩 작게 모이던 그룹이 이제 친구와 친척들을 인도해서 30명, 40명, 50명으로 점점 확장되어 갔다. 1989년 6월 18일, 새 정부의 헌법으로 기독교가 더 용납되는 시대가 열리리라는 희망을 안고 장로들이 집에서 모였다. '주님의 은혜로 친절하고 기쁘고 우호적인 분위기'에서 임시 교회 위원회를 결성하기로 했다. 이 위원회가 대표로 나서서 정부로부터 공식적인 인정을 받고자 했다. 시앙 목사를 중심으로 전부해서 10명이었는데 그 중에서 부위원장, 총무, 회계 두 자리를 여성이 맡았다. 1988년 기독교인들은 아무 권리가 없는 불법 집단이어서 교회 건물도 물론 없었다. 1981년 1월, 현저하게 분위기가 개선되었다. 비공식적인 암묵 하에 아무 방해도 받지 않고 청소년 모임을 크게 가질 수 있었고 어린이 모임도 인기가 있었으며 주일 예배, 개인전도, 세례, 결혼, 장례 등도 아주 많이 눈에 띄었다. 십여 년 동안 소수의 무리가 낙심하거나 약해지지 않고 인내하며 기도하던 것이 이제 열매를 맺는 것이었다. 그럼에도 불구하고 1989년 6월 각료 회의는 아직도 '캄보디아 왕국에 기독교를 전하지 못하도록' 금했다. 그렇지만 '성경과 다양한 종교 서적, 그리고 인도적인 기관이 주는 선물'은 받아도 좋다고 허락했다.

1989년 7월 캄보디아 교회는 필리핀 마닐라에서 열리는 제2 로잔 세계 대회에 대표를 보내달라는 초대를 받았다. (이제는 순교하여 이 땅에 없는 땅 치어와 손 손녀가 15년 전인 1974년 스위스 로잔 대회의 대표였다.) 현재 상황에서 자기들이 가지 못하게 되자 대회 대표들에게 보고서를 보냈는데 이런 말로 시작하였다. '우리가 참석하는 것을 허락하지 않으신 전능하신 하나님 이름으로…' 지난 10년을 간략하게 요약한 뒤 수도 프놈펜에는 207명의 성도가 8군데에서 모이고 있다고 보고하였다. 남자 46명과 여자 86명 그리고 아이들 75명이 이 가정교회에 정기적으로 출석하고 있다고 하였다. 레악 예아 목사가 뚬눕뗵의 옛 처소에서 80명을 인도하는데 그것이 제일 큰 그룹이고 뚜올꼭에서 모이는 4명이 가장 작은 모임이라고 하였다. 그 수치를 보면 크메르 루즈에 의해 성인 남자가 많이 죽었으며 1979년 이후로부터 베이비붐이 일어난 것을 알 수 있다. 캄보디아는 과부와 고아와 어린이가 대부분 인구를 차지했다. 그 보고서에는 전부해서 6성에 182명의 기독교인이 있다고 되어 있다. 그러므로 1989년 교인 수는 전국을 통틀어 어린이를 포함하여 389명이라는 것이 보수적인 통계였다. 이 수치에는 비밀리에 모이는 신자나 한참 부흥하고 있던 천주교 신자는 포함되지 않았다. 주님께는 그들이 알지 못하고 있는 '동굴에 숨어 있는 자'들이 틀림없이 있었을 것이다. 이것이 당시 캄보디아의 추수 밭에 떨어진 이삭들이었다.

캄보디아 교회가 제 2 로잔 대회에 보낸 보고서는 다음과 같이 결론 맺고 있다.

대회의 대표들께;

우리에게는 우리 스스로 해결할 수 없는 어려운 문제가 다음과 같이 많이 있습니다.

*모일 수 있는 마땅한 교회가 없습니다. 집에서는 몇 명밖에 모일 수 없고 또 많은 사람들이 자기 집에서 모이는 것을 두려워합니다.

*모임 장소가 흩어져 있습니다. 그래서 서로 교제하는 것이 쉽지 않습니다.

*성경과 찬송가가 부족합니다.

*청소년과 어린이에게 찬송가를 가르칠 때 필요한 악기가 부족합니다.

*교회에 교사가 부족하고 하나님의 말씀을 정확하게 가르칠 수 있는 지식이 없습니다.

*교회에 어려운 문제가 발생할 때가 있습니다. 예를 들면 예수 그리스도를 믿는 것 때문에 차별대우를 받고 집에서 쫓겨나기도 합니다.

그러므로 저희에게 있는 위와 같은 문제를 위하여 기도로 도와주시면 감사하겠습니다. 우리가 용기 있게 우리 십자가를 지고 주님을 따르도록, 그래서 주께서 다시 오셔서 지상에 주님의 왕국을 세우실 때까지 충성스럽게 깨어 있도록 기도해 주세요. (시편 118:27)

제 2 로잔 세계 대회에 모이신 4,000명의 기독교 지도자들께 부탁드립니다. 평화의 주께서 하루 속히 우리나라에 평화를 허락해 주시도록 기도해 주십시오. 우리가 주 예수 그리스도를 믿을 수 있는 권리를 찾을 수 있도록, 주께서 정부의 마음을 부드럽게 하셔서 모여 하나님께 예배드릴 수 있는 교회를 허락해 주도록 기도해 주십시오.

마지막으로, 주께서 제 2 로잔 대회를 축복하셔서 은혜 가운데 승리와 평화를 주시도록 기도합니다.

프놈펜, 1989년 6월 20일
장로회의 의장 및 총무 목사 서명

'정부의 마음을 부드럽게 하셔서 모여 하나님께 예배드릴 수 있는 교회를 허락해 주도록'하는 기도 제목이 놀랍게도 그로부터 10달 뒤인 1990년 4월 7일 응답되었다. 캄보디아 정부(캄보디아 조국의 재건과 방위를 위한 연합 전선)는 정식으로 기독교 교회(개신교)를 인정한다고 발표하였다. 공식적인 발췌문은 다음과 같았다.

정치국 각료는 캄보디아에 기독교 교회의 창립을 인가한다. 이 허가에 관하여 법령을 반포한다. 기독교 교회의 창립과 교회 의식의 집행은 정치국의 규칙과 국가의 법률에 따라야 한다. 기독교인들은 성경의 교리를 따라서 이 법령을 시행할 것이며 사회 질서의 복지에 기여해야 할 것이다.

정당 대통령과 정치 실세였던 치아심이 그것에 서명했고 캄보디아 방송국과 텔레비전을 통해서 전국에 방송되었다. 마침내 기독교 교회가 공식적으로 인가를 받았다. 캄보디아 정부의 기독교에 대한 공문에는 다른 것과 함께 다음과 같은 내용도 있었다.

대량 학살을 자행한 폴폿 정부, 렝사리 도당이 그 종교를 파괴한 정도는 특히 격렬하고 폭력적이었다. 주요 교회들과 특히 프놈펜시에 있던 다른 예배 장소, 그리고 이 종교의 법이자 지시서인 성경은 완전히 파괴되었다. 이미 수적으로 얼마 되지 않던 목사와 신자들은 시골에서 잔인하게 죽임을 당해서 거의 완전히 흔적도 없어졌다.

그 공문에는 간섭하기 좋아하는 경찰의 감시를 10년 동안 받았기 때문에 다음과 같이 되었다고 기록되어 있었다.

기독교인들이 그 안에서 하나님을 배울 수 있는 교회 건물이 없었다. 그러나 교인 수에 따라 각 가정에서 예배를 드렸는데 그러한 분출구를 통하여 자신의 믿음은 적극적으로 표현하였다.

15년 간 무서운 박해와 괴로움을 당한 후 자유롭게 되자 1990

년대에 많은 기회를 갖게 되었다. 피로 붉게 물든 죽음의 들판과 지뢰밭을 다시 쟁기질하고 그 위에 씨를 뿌려 다시 한 번 황금빛 출렁이는 생명의 추수 밭으로 만들기 시작했다.

일주일이 지난 4월 14일, 프놈펜에서 가장 큰 모임 장소인 프론트에 정부 대표들이 모인 가운데, 1500명의 신교, 구교, 캄보디아인, 베트남인들이 모두 함께 모여 기독교인의 자유를 기뻐하며 주의 만찬을 나누었다. 그 후 들뜬 마음으로 누리던 그 자유로 인해 교회의 일치가 시험대에 오르게 될 것이었다.[4]

1990년 캄보디아 기독교인들이 가졌던 감정이 감사와 기대였다면 태국 국경 수용소에 있던 사람들은 자포자기와 절망을 느끼고 있었다. 그런데 10년 동안 함께 거두어 들여 대부분이 전 세계로 흩어진 그 알곡과 가라지는 어떻게 되었는가?

1990년은 캄보디아인이 태국 국경을 향해서 대거 이동했던 때로부터 10년이 지난 해였다. 사람들은 1978~80년 은신처를 찾아서, 복합 운송 수단을 통해 오는 음식을 구하기 위해, 암시장 무역을 위해, 미국 (일하지 않아도 돈을 주고 아기를 낳아도 돈을 주는 나라인)으로 이민 가기 위해서 그곳으로 갔었다. 35만 명가량이 (그 중 반은 16세 이하여서 다른 종류의 삶을 알지 못했다.) 아직도 이 국경 수용소에서 꼼짝하지 못하고 붙어 있었다. 그 중에서 약 2만 명 정도만 UNHCR 수용소에 있었

---

4) 사람들은 그 날 얼핏 본 것과 같은 즉흥적인 하나됨−성경이 계시하는 대로 조직이 아닌 영적인 일체감이 주 예수를 향한 믿음과 사랑 위에 세워질 수 있기를 희망하고 있다. 후에 성경 협회에서는 이러한 하나됨의 정신이 충만한 가운데, 캄보디아에 있는 모든 교회를 위하여, 현대 크메르어 성경을 번역하고 있다.

다. 나머지는 숲이 우거진 국경 지역에 흩어져 군데군데 무리지어 살고 있었다. UN이 인정한 세 그룹이 그들을 지배하고 있었다. 크메르 루즈는 군사적으로 가장 강력했는데 '8지역'의 10만 명을 다스렸다. 크메르 인민 자유 선진당(Khmer Peoples' National Liberation Front; FNLPK)은 1980년에 세워진 것으로 1960년 후반 국무총리였던 중도파 손산네가 '2지역'과 속산 수용소에 있는 15만 명을 다스렸다. 그리고 세 번째는 이전왕이자 프론트 대통령인 시하누크공에게 충성하는 시하누크파였다. 'B 지역'에서 시하누크의 아들이고 상속자인(1993년 협동 국무총리가 됨) 라나리드 왕자가 6만 명을 지배했다.

크메르 루즈가 지배하는 지역은 대개 아란야쁘라테트의 남쪽으로 1979년 10월에 전쟁에 져서 해골 같은 포로들을 데리고 왔던 곳이었다. 그 때 세계 언론들은 '홀로코스트'라고 소리높여 비난했다. 아마 1990년 이 지역에는 10만 명의 크메르 루즈 군인과 민간인들이 살고 있었을 것이다. 수용소에 몇 명이 있는가는 정확히 알 수가 없었다. 사람들이 끊임없이 드나들었기 때문이었다.

'8지역'이 크메르 루즈 국경 정착지에서 가장 큰 곳이었는데 그 한 가운데 기독교 공동체가 있었다. 크메르 루즈에 의해 둘러싸여 있으니 성도들은 당연히 심한 핍박과 위협을 받았다. 24명가량이 M 아주머니 집에 모여서 예배했는데 고아들, 지뢰가터져 손발 없는 사람, 장애인, 그리고 병자들이 있었다. 크메르 루즈 지도부가 다른 사람들은 오지 못하게 하기도 했지만 어쨌든 사람들은 너무 두려워서 자기 믿음을 사람들에게 숨겼다. 국경 지역에서 아주 심각하게 의료 처치가 필요하면 모두 카오 제1당으로 보냈다. 그 중에 그곳에서 믿음을 갖게 된 사람들이 있었다. '8지역'의 기독교인들은 함께 찬송을 하고 성경을 읽었으며 더 성숙한 사람이 교대로 성경을 가르치고 토의를 인도했다. 크메르 루즈 때문에 세례를 베풀지 못하고 기독교인으로 사는 데에 언제나 위험이 따랐지만 이 하나밖에 없던 작은 모임은 크메르 루즈의 스탈린 주의와 사람을 죽이는 이데올로기, 그리고 UN의 영적 무관심 가운데에서도 굳건하게 잘 서 있었다.

가장 평판이 좋았던 국경 공동체는 FNLPK가 다스리던 곳이었다. 그들은 더 인정이 있었는데 크메르 루즈가 '제국주의자'였던 베트남 괴뢰 정부를 프놈펜에서 전복시키려 할 때 도왔던 그룹이었다. 여기에 15만 명 이상의 캄보디아인이 태국의 농찬 농사멧과 반상애 마을 가까이에 있는 아란야쁘라테트 북쪽의 국경 요새를 차지하고 있었다. 1985년 3월, 국경 관목지를 따라 8km에 걸쳐서 6개의 다른 그룹이 '2지역'이라는 공식 이름 하에 살고 있었다. 이는 행정상의 이유도 있었고 안전상의 이유도 있었다. 베트남군은 매년 건기만 되면 국경 고립지에 정기적으로 폭격을 가하며 캄보디아에 쳐들어왔다. 그래서 특별히 그들로부터 시민을 보호하고 돌보려는 목적이 있었다. 베트남 점령군이 1989년 캄보디아를 떠났지만 여기 국경에 있는 삼자 저항군과 프놈펜에 있는 훈센의 새 정부 군대 사이에 계속해서 전쟁이 있었다.

태국 국경에는 1990년까지 10여 년 동안 많은 캄보디아 민간인이 살고 있었다. 태국에 있는 수용소로 갈 수도 없고, 난민으로 해외로 나갈 희망도 없었으며, 캄보디아의 절망적인 삶으로 돌아가는 것도 두려웠다. '그냥 그곳에 있었기 때문에 머물러 있는 것뿐이었다.' 크메르 루즈 외의 수용소에는 기강이나 법, 질서 개념이 없었다. 그저 혼미하게 '복지'만을 추구하고 있었기 때문에 무법천지가 되었고 만연한 부패를 암 시장이 조장하고 있었다. 강간, 살인이 다반사였고 무장하고 강도짓을 하였다. 캄보디아에 남아 있어도 그 이상 타락할 수 없을 정도로 악했다.

1990년, '2지역'에는 5군데 교회가 세워졌다. 그러한 곳에서 많은 실망과 함정이 있었음에도 불구하고 그들은 진지하게 기도했고 하나님 말씀을 갈급해 했다. 이 기독교인들은 꼭 조만간 캄보디아로 돌아갈 것이라고 모두가 생각했다. 그래서 그들은 모여서 그리스도의 방법대로 진지하게 제자 훈련을 했다. 이 사람들이 나중에 기다리고 있는 캄보디아 밭으로 돌아가서 좋은 씨앗이 되어 주었으면 좋겠다는 소원이 있었다.

시하누크파들은 한 군데만 다스렸다. 수린성의 쁘레셋 수용소에 가까운 곳이었다. 'B지역'에는 6만 명이 있었는데 시하누크 공을 위해 일할 신 당원 후보자들이었다. 다른 곳과 마찬가지로 그 중 반이 아이들이었는데 1979년 이래의 베이비 붐 때문이었다. 이 수용소에는 남자 아이들이 14세가 되어 기본적인 학습을 하고 나면 시하누크 군대에 징집되어 크메르 루즈에 맞서 싸우게 했다. 프놈펜 군대는 그들을 후원했던 베트남이 철수했고 그들에게 돈을 대던 소련이 망했음에도 불구하고 아직도 캄보디아에서 강력한 세력을 갖고 있었다.

수용소 안에서 일상적으로 해야 하는 일 때문에 여기에서 하는 기독교 활동과 모임에 제약을 받았다. 대부분은 명목상 불교도였기 때문에 수용소 안에 탑을 세웠다. 그러나 사람들 마음속의 종교는 정령 숭배와 끄루 크매라는 영매였기 때문에 영적인 지시를 받고 신체의 병을 고치려면 그에게로 갔다. 또 무슬림 회당도 있었는데 캄보디아 내의 소수 부족인 참족 피난민을 위한 것이었다.

기독교인은 천주교와 개신교 그룹이 딱 반으로 나뉘었다. 그 중에서 성숙하고 신실한 사람들은 많지 않았다. 그저 명목상의 기독교인이 수백 명 있는 것이었다. CCC가 모임과 훈련 프로그램을 주선해서 사람들에게 '사영리'를 가르쳤다. 캄보디아인에게는 불교와 정령 숭배에 익숙하여 초월적이며 인격적인 하나님의 개념이 없었기 때문에 미국 대학에서 유행하고 있는 이 전도 방법이 그들의 제자 훈련과 교회 개척에 얼마나 지속적인 영향을 주었는지는 오직 시간이 말해 줄 것이다. 그러나 크메르 루즈 아래 있는 '8지역'이나 FNLPK에 있는 '2지역'처럼 새로 믿게 된 신자들은 이 부자연스러운 국경 수용소에서 몇 년 간을 더 견디고 있어야 했다. 1993년 UN이 새 정부를 세우는 투표를 후원하기 직전에야 태국 국경에 남아 있던 마지막 캄보디아인들이 버스에 실려 돌아왔다.

이제 10년이라는 세월이 지나서 카오 제 1당에 있던 UNHCR 수용소에도 추수 후에 주운 이삭이 얼마나 많았는지를 비로소 알 수 있게 되었다. 그곳은 1980년 세계에서 가장 큰 캄보디아 교회였고 3만여평의 밭에서 풍성하게 수확했던 곳이었다. 1990년 통계로는 1980년에 지어 교인 수가 수 천 명이었던 그 거대한 옛 교회에 또 백 명 이상의 신자가 들어왔다. 실제로 그들은 이제 전부 해외에서 재정착하여 살고 있다. 인도지나 반도가 공산주의에 넘어가고 15년이 지난 1990년까지 세계는 이 피난민들을 실증내고 있었다. 남아 있던 사람들은 아무도 원하지 않거나 이제는 편리하게 '경제상의 이유로 이주한 노동자'라고 이름을 붙인 사람들이었다.

교회의 초가지붕은 이제 갈라지고 틈이 생겼으며 나무좀 때문에 낡았다. 그러나 하나님의 성령께서는 계속 열정과 기대를 가지고 그곳을 성별하셔서 바쁘고 힘든 추수가 있게 하셨다. 그런데 카오 제 1당은 사람들이 재정착을 위하여 미국, 프랑스, 캐나다, 호주로 먼 길을 떠날 때 처음으로 타는 침대 버스 중앙 정거장과 같았다. 버스 정거장에 교회를 세우는 일은 쉬운 일이 아니었다. 프로그램을 진행하고 성경공부를 인도하던 그 모든 중심인물들이 갑자기 사라졌고 남은 사람들은 이제 곧 떠날 차례가 오겠지 하고 기다리고 있었다.

처음부터 교회의 행정적 구조나 절차, 선례 등이 철저하게 캄보디아적인 방식으로 세워졌고 그것이 다음 세대 리더들에게도 그대로 전해졌다. 개혁이나 색다른 것을 추구하기보다 스승을 충실히 모방하는 것이 미덕이었다. 이 '세대'라는 것의 수명이 어떤 것은 몇 주 밖에 가지 않는 것도 있었다. 그러나 1985년 이후 모든 것이 서서히 자리를 잡아가고 강력했던 리더들도 사라지고 나자, 이전의 기준과 전통을 지켜나갈 수 있는 자원이나 도움이 점점 없어지는 가운데, 마지막 무렵 교회는 그저 몇 명의 신실한 신자들이 남아서 애쓰고 있을 뿐이었다. 그러나 전략적이었던 병원 사역처럼 수용소 전역에서 전도하는 일은 활발히 계속되고 있었다.

1990년, 이전에 세계의 자원과 미디어, 지도자들의 주목을 받았던 이 카오 제 1당 수용소는 이제 침체 상태에 빠졌다. 그리고 태국은 이제 그 말썽 많고 육체의 가시이기도 했던 희망의 자석을 그만 닫고 싶었다. 그곳에 살다가 만원 기차를 타지 못했던 몇 천 명의 캄보디아인들에게나 남은 기독교인들에게 그곳은 살기 힘든 땅이었다. 많은 사람들이 그곳을 밟고 지나간 굳은 땅이었다.

수용소 시절이 끝나가고 있었다. 이 모든 캄보디아의 피난민들은 그 가운데 있던 하나님의 '이삭'과 함께 모아져서 기다리고 있는 캄보디아의 휴경지(休耕地)로 돌아가 흩어질 것이었다.

7

របណ្តាំនភា
រួមមានទីសាកសព
គ្មានក្បាល166 ឆ្ងាស់
MASS GRAVE
OF 166 VICTIMS
WITHOUTH HEADS

제 15 장

미경작지; 후기

'화평케 하는 자들은 화평으로 심어
의의 열매를 거두느니라.' (야고보서
3:18)

1993년 길었던 건기가 마침내 끝났다. 새로운 계절의 징조가 가득한 가운데 네 명의 남자가 승객을 태우지 않은 시클로의 페달을 열심히 밟으면서 모니봉 거리를 가고 있었다. 거리의 움푹 파인 구덩이에는 물이 가득 차 있었고 시클로는 요란하게 삐거덕거리는 소리를 냈다. 얼굴과 등에 땀이 흘러 색 바랜 셔츠의 등 뒤가 희끄무레하게 젖어 있었다.

그 사람들은 남동부 베트남과의 경계선 건너에 있는 스베이 리엥 성에서 온 농부들이었다. 그들은 프놈펜에서 돈을 벌어서 마을에 있는 자기 가족에게 쌀을 사가려고 왔다. 그런 사람들이 수십 만 명 있었다. 지난 해 추수했던 몇 자루 안 되는 곡식은 동이 났고 올해는 몇 달이 더 있어야 추수를 할 수 있었다. 씨를 살리려고 해도 돈이 필요했고 땅에 비료도 사서 뿌려야 했으며 흰개미가 갉아먹은 집도 수리해야 했다. 그리고 지금은 날마다 몬순 비가 세차게 내리는 계절이었고, 그 비는 그루터기만 남은 마른 대지를 부드럽게 적시고 있었다.

다시 '땅을 깨워' 묵은 땅을 기경하는 계절이 왔다. 수확을 할 것을 기대하면서 소중한 모판을 만들고 쟁기질을 하며 제방을 쌓고 수로를 낼 때가 된 것이었다.

시클로의 앞자리에 높이 앉아 앞만 보고 달리며 미엔 아저씨와 큰소리로 말을 나누고 있는 사람은 똘라였다. 미엔은 50대로 이제 농사가 힘에 버거운 나이였다. 심줄이 튀어 나와 있는 건장한 다리 아래 진흙투성이 발에는 낡은 고무 슬리퍼를 신고 있었다. 입에는 담뱃대를 물고 있었고 값싼 술 냄새가 풍겨 나왔다. 술을 마시면, 늘 괴롭히는 관절 통증을 잊을 수 있었지만, 그만큼 돈이 들었다. 똘라는 한창 때여서 자신감으로 가득 차 있었다. 그의 어린 아내는 기다리던 셋째 아이를 임신하고 있었다. 미엔은 벌써 할아버지였지만 그의 아내는 생존한 아기 중 8번째의 이유를 막 끝낸 참이었다.

일행 네 명은 쓰레기로 뒤덮여 있는 무질서한 거리, 사람들이 몰려들어 경쟁하고 있는 이 소란스러운 수도에 점점 익숙해지고 있었다. 프놈펜은 그들이 사는 가난하고 절망적이며 조용한 시골과 완전히 대조를 이루는 곳이었다. 급속히 발전하여 건축 개발 토목 공사가 많고 외국 기업으로 북적이고 있었다. 1991년 10월, 국내에서 서로 싸우고 있던 네 당파가 파리 평화 회담에서 서명한 이후, UN군 22,000명이 국제 평화유지군 UNTAC의 30억 달러를 가지고 이 나라에 들어와서 군인들을 무장해제 시켰다. (1992년 크메르 루즈는 약속을 어기고 무장을 해제하지 않겠다고 하며 평화 유지 과정을 거절했다.) UN군은 태국 국경에 있던 수십 만 명의 피난민을 본국으로 송환시켰으며 1993년 5월, 전국 규모의 국회의원 선거를 민주적으로 치르도록 도왔다. 수만 명의 짐꾼, 거지, 손발 없는 사람들, 누더기를 입은 어린이들과 시클로 운전자들이 이 번지르르한 '허영의 시장'에서 생계를 꾸려 나갔다. 정치가들이 자기의 권력과 부를 위해서 교활한 음모를 꾸미는 것에 대해서는 아무 것도 모르는 채. 그러나 이 월급 많이 받고 훈련이 잘 된 군인들이 떠나던 1994년까지는 그곳에 단물을 먹을 기회가 있었고 그들은 그것을 최대한 이용했다.

술이나 값싼 여인들을 이용하여 또는 시클로를 부서진 도로 가에 세워 놓고 그 운전자들 사이에 앉아 밤새 노름을 하면서 끊임없이 고통스럽게 하는 걱정과 두려움에서 벗어나려고 했다. 장래에 대한 두려움과 과거의 죄의식이 그의 영혼을 양쪽에서 짓눌렀다. 1979년 1월, 베트남의 거대 조직이 자기 민족을 대량 학살하던 크메르 루즈를 쫓아냈을 때, 미엔은 그들을 따라서 서쪽으로 달아났다. 그는 매국노였고 그런 사람은 새로 해방된 사람들로부터 잔인하게 보복을 당했다. 미엔은 도시에서 도망 나온 '낯선 사람들'은 물론 어릴 때부터 한 마을에 살던 이웃도 밀고했다. 그는 살살 다니며 소문에 귀를 기울이고 굶어 가는 사람들의 쉬쉬하는 불평과 밤에 짚 벽을 타고 흘러나오는 대화를 몰래 듣곤 했다. 혁명이나 옹까에 대해 불평하는 말을 들으면 요원에게 보고했다. 그는 정글의 법칙을 따라 살아남기 위해서 그렇게 했다. 가족이 많았고 조금 게으른 경향이 있었으며 그의 아내는 주위 사람보다 언제나 좋은 것을 더 많이 갖고 싶어 하는 사람이었다. 크메르 루즈는 그러한 기회를 아주 효과적으로 분별하여 이용했다.

베트남인들은 그를 잡아 고문하고 프놈펜 감옥에 가두었다. 후에 그는 슬그머니 고향으로 돌아와 자기 양심과 이웃에 대해 불편한 죄의식을 느끼며 조용히 침묵하며 살았다. 격정이 수그러들고 이제 사람들은 그 순간의 필요에 집중하고 있었다. 절대적인 도덕 관념, 법률, 사회 정의, 인류에 대한 범죄 등은 풍요한 서양에서나 추구하는 고상한 취미였다.[1] 사람들은 현재 미엔을 조용히 멸시하고 있지만 드러내놓고 어떻게 하지는 않았다. 사람들이 아니라 끄로마가 그의 운명을 결정할 것이었다.

시하누크 거리에서 네 명은 화풀이로 경적소리를 내는 차, 오토바이, 트럭, 시클로 그리고 손수레 등을 피해서 솜씨 좋게 길을 비켜가며 왼쪽으로 돌았는데 그것은 불법이었다. 차들이 어처구니없이 엉켜 있어 교통이 정체되어 있는 교차로를 잘 빠져나왔다. 킨과 첸다는 뒤에서 가까이 잘 따라왔다. 앞만 보고 오고 있었는데 조금이라도 좌우로 눈을 돌리면 금방 곁에서 끼어들어 오기 때문에 앞으로 가기 위해서는 옆이나 뒤를 돌아보지 말고 오직 앞만 봐야 했다.

네 사람은 그 무질서한 곳을 초연히 빠져나와 계속 움직였다. 옛 시클로에 높이 앉아 있는 그들은 무게 있게 고정된 자세를 취하고 있었다. 킨은 다른 사람보다 피부가 검었는데 끄로마를 머리에 두르고 있었다. 농부 스타일이었다. 그는 이 복잡한 도시가 불편했다. 지금 페달을 밟고 있는 발에는 못이 박혀 있었다. 수 년 동안 자기의 전 생애를 의지했고 삶의 의미를 주었던 밭을 경작하면서 생긴 것이었다.

이제 30대 중반이지만 크메르 루즈가 자기를 차출하여 이동하면서 일을 시키던 때는 더 어릴 때였고 18살 무렵에는 베트남

---

1) 내가 믿기로 결국 크메르 루즈의 주범들은 왕궁의 특사로 풀려나 다시 정치나 사회의 주류로 영입될 것이다. 누군가 킬링필드가 누구 탓이냐고 물으면, 아마도 늘 캄보디아인의 희생양이었던 베트남에게 그 책임을 전가할 가능성이 많다.

괴뢰 정부가 자기를 억지로 군대에 넣어 태국 국경에서 저항군과 싸우게 했다. 그는 3번 끌려갔다가 3번 다 도망 나왔다. 지뢰밭의 대량 학살, 장교들의 탐욕과 부패, 징집한 사람들이 살고 죽었던 열악했던 환경에 그는 넌덜머리가 났다. 더구나 그에게는 다른 크메르인, 농부와 '어린 아이들'을 죽일 마음이 전혀 없었다. 그들은 그저 싸우기를 좋아하는 캄보디아 지도자들의 미친 짓 가운데서 단지 살아남으려고 하는 자기와 같은 이들이었다. 그저 그곳에 있었기 때문에 그런 대우를 받는 것이었다. 무슨 깊은 확신이 있어서가 아니라 그저 우연히 그곳에 있던 것뿐이었다.

1979년, 19살 때 집단촌 장로가 짝을 지어 주었다. 한 아가씨가 걸어 나와 고개를 숙이고 서 있는데 그는 그저 힐끗 보고 그러겠다고 하였다. 그는 당시 밭에 앉아 노름을 하며 술을 마시고 있었다. 짧게 결혼식을 하는 동안에도 서로 쳐다보지도 않고 말을 걸어보지도 않았다. 아가씨는 그를 무서워해서 며칠 동안 그가 가까이 가려고만 하면 격렬하게 몸을 떨었다.

자기 아버지처럼 킨도 노름에 중독이 되어 있었다. 불쌍한 아내나 병든 아이들의 호소에도 불구하고 그는 그것으로 유명했다. 노름 돈을 마련하려고 지붕의 짚을 뜯어서 팔기도 했다. 아내가 불평하거나 울어대면 그를 때렸다. 그것은 인정된 관습이었다.

맨 뒤에 가던 홀쭉한 젊은이는 첸다였는데 매력 있는 미소를 지니고 있었다. 그가 크메르 루즈의 공포에 대해서 아무 것도 기억하지 못하는 것은 은혜였다. 도시의 거리에서 간신히 살았는데 그것이 그가 삶에 대해 알고 있는 전부였다. 아직 어렸을 때 아버지가 낡은 시클로에서 떨어져 그대로 거리에서 생명을 잃었다. 이제 그의 어머니는 온 나라 안에 유행하고 있는 결핵으로 서서히 죽어가고 있었다. 힘들게 번 돈을 아무 소용없는 약과 돌팔이 의사에게 다 주었지만 아직도 기침이 심했다. 첸다가 가족 중 유일하게 돈을 버는 사람이었다. 도시와 시골 사이를 다니며 일을 찾고 있는 사람들을 통해 그 더럽게 찢어진 리엘을 가족에게 전해 주었다.

첸다는 멋지고 건강한 전형적인 캄보디아 농부로 그 어떤 상황에도 불구하고 그저 계속해서 앞으로 나가는 사람이었다. 17살에 돈도 한 푼 없고 배움도 없으면서도 그 영혼은 온유하고 침착했다. 악의가 없었고 자기 주위에 만연한 악에 물들지 않았다.

밤의 어두움 속에서 독립 기념비가 어렴풋이 앞에 보이자 4대의 시클로는 오른 쪽으로 꺾었다. 반라의 아이들과 건장한 닭들이 종종 걸음으로 뛰어다니는 사이를 자유 분망하게 지나서 51번가의 경사진 길을 내려갔다. 그들의 왼쪽에는 왓란까라는 절이 있었는데 수세기 전에 불교를 가지고 들어온 승려 선교사의 이름을 딴 것이었다. 그들은 습관대로 화장장의 높은 굴뚝 아래 검댕에 둘러싸여 있는 딱 구멍을 들여다보았다. 위대한 사람이든 평범한 사람이든 누구나 그 검은 구멍에 밀려들어가 고약한 냄새를 풍기며 잠시 회색 연기를 내다가 가버리는 것이

시클로를 운전하던 교회 청년, 1995년.

었다. 조용한 절을 지나서 다시 평평해진 길이 나왔는데 그 옆은 창녀촌이었다. 어둡게 한 창 앞에 각색 전구가 반짝이고 있었는데 새롭게 단장해서 번창하고 있었다.

294번가는 모퉁이에 나무로 만든 초라한 주점들이 모여 있었다. 그들은 천천히 길의 가장자리로 큰 원을 그리며 왼쪽으로 돌았다. 바퀴 자국으로 패인 곳이나 구덩이에 가까운 하수구에서 날마다 나오는 검은 오물을 피하기 위해서였다.

그들은 아름답게 보수된 식민지 시대의 빌라에 다가갔다. 공산주의자들이 오기 전 그곳은 프놈펜 시장의 관저였다. 시장은 1975년 크메르 루즈가 도시를 점령했을 때 이곳에서 가족과 함께 처형되었다고 한다. 그런데 지금은 교회였다. 우리의 평화이신 주 예수 그리스도의 교회였다.

아름다운 열대 꽃이 풍성하게 피어 안전하게 높이 쳐진 담장에 걸려 있었다. 약간 높이 만들어진 콘크리트 보도를 따라서 교회를 지키는 보초가 밖에 커다란 플라스틱 덮개를 걸어 놓았다. 이미 이 지붕 아래에는 간헐적으로 오는 비를 피하기 위해 다른 시클로들이 여러 대 들어와 있었다. 그 시클로의 주인들은 그 날 밤 하나 뿐인 승객 자리에서나 또는 풀밭에서 자려고 준비하고 있었다. 군데군데 찢어지고 물에 젖은 모기장 아래에 꽉 끼어서 될 수 있는 대로 많은 사람이 그 안에 들어가려고 하였다. 안전하고 평화로운 이 피난처에 똘라, 미엔, 킨, 첸다가 도착한 것이었다.

우리의 평화이신 그리스도 성공회 교회 (The Anglican Church of Christ Our Peace)는 1990년대 초 프놈펜에 세워진 교회 중에서 눈에 띄게 성장하고 있는 교회였다. 1990년 기독교에 종교의 자유가 허락되고, 1991년 파리 평화 협정이 체결되었으며, 종교의 자유를 보장하는 세계 인권 헌장이 채택되어 가능했던 일이었다.

1992년 3월, 새롭게 열린 이 기회를 이용하여 캔터베리에 새롭게 임명된 조지 캐리 주교는 태국 방콕의 그리스도 교회 지도자들의 권유를 받아 이제 다시 왕으로 옹립되려는 시하누크 왕에게 편지를 보냈다. '당신의 나라에 기독교인을 인정해 달라'고 기독교의 등록을 요청하는 편지였다. 이것에 대해 1941년 불교도의 추대로 '신(神)인 왕(王)'이 되었고 '땅과 물의 주인'이었던 노로돔 시하누크는 다음과 같이 호의적으로 답했다.

당신도 잘 아시다시피 본인은 일반적으로 인권을 옹호하고 존중하는 일을 중요하게 생각하고 있습니다. 특히 신념이나 종교에 대한 의사 표현의 자유를 존중합니다. 이러한 취지에서 본인은 캄보디아 최고 의회의 대통령의 권한으로 캄보디아 전역에서 성공회의 자유로운 활동을 승낙합니다.

캄보디아의 영국 성공회 교회가 승인되면서 서로 다투고 있는 다른 네 파의 승낙도 받았는데 그 가운데는 이전에 나를 죽이려고 했던 크메르 루즈의 승낙도 있었다. 그 후 나는 안수를 받았고 싱가포르 주교로부터 성직자로 임명을 받았다. 당시 캄보디아는 싱가포르 관구에 속해 있었다. 1993년 종려 주일에 나는 재건하는 공사 현장에서 빌려온 지저분한 잡석 베게 위에 무릎 꿇고 캄보디아의 첫 성공회 교회의 담임 목사로 임명을 받았다.

18년 전 살기 위해 캄보디아에서 달아났는데 이제 나는 돌연 프놈펜으로 돌아와 새로운 교회를 세우는 임무가 주어졌다. 산산이 무너진 나라의 재건을 돕기 위해 일하고 있는 몇 백 명의 외국인 전문인들을 위한 교회였지만, 더 특별히는 캄보디아인 사이에 계속 존재할 수 있는 교회를 세워야 했다. 이 새로운 기회를 나와 함께 기뻐하는 사람 가운데는 일찍이 70년대부터의 친구와 동료들뿐 아니라 80년대 태국에 있던 캄보디아 난민 수용소 친구들, 그리고 디아스포라들이 있었다. 우리는 모두 함께 아직 마치지 않은 과업을 위해서 협력하려고 캄보디아로 돌아왔다.

현재 존재하고 있는 캄보디아의 가정 교회들은 80년대의 불확실한 상황 속에서 용감하게 시험을 잘 참아 왔다. 이제 공산주의의 핍박을 피해 달아났다가 태국 국경에서 최근에 다시 돌아온 훈련된 지도자들과 새신자들로 인해서 그들이 힘을 얻게 되었다. 세계로 흩어진 본국인 대상으로 사역하던 다른 캄보디아 지도자들도 고향을 방문해서 고난과 고통의 호된 시련을 15년간이나 받아 아주 약하고 조각난 교회가 세워지는 일에 격려와 희망이 되어 주었다.

내가 1992년 5월에 탐색 차 프놈펜에 왔을 때는 아주 힘이 들었다. 지난 18년 간 전쟁과 학살과 침략과 박해와 기근을 겪으면서 있었던 큰 변화에 적응이 되지 않았다. 또 내가 1975년 그렇게 비극적으로 남겨두고 떠났던 이 나라와 사랑하는 사람들에 대한 깊은 감정이 시간이 지나면서 왜곡되고 감상적이 되었다.

사람들이 너무 변해서 절망스러웠다. 3일 동안 지내면서 내가 그들을 다시 사랑할 수 있을지 자신이 없었다. 모든 것을 사랑하기가 너무 힘들었다. 이 새로운 캄보디아에 한 주간 머물려고 했는데 끝까지 머물고 싶은 생각마저 없어질 정도였다. 특히 내 위장이 캄보디아의 악명 높은 박테리아 때문에 탈이 난 후에는 더욱 그러했다.

도시의 외관은 거의 구별할 수가 없었다. 파괴된 상태 그대로 더럽고 부서지고 냄새나는 쓰레기로 덮여 있는데도 사람들은 상관하지 않았다. 사람들은 부자나 가난한 자나 할 것 없이 최면에 걸린 듯이 열광적으로 돈을 밝혔다. 총과 함께 그것이 유일하게 존중받는 것이었고 유일하게 중요한 것이었다. 이전에

처형장으로 끌려가던 젊은이들 – 뚜올슬렝 생존자의 그림.

있던 순결함, 순진함, 친절함이 없었다. 모두가 거칠고 공격적이고 보기 싫었다. 얼굴은 내적 공허함으로 어두웠고 딱딱한 긴장의 주름으로 깊이 패이었으며 눈을 맞추지 못했고 마음은 무엇엔가 사로잡혀 있었다. 그리고 어디나 부패가 만연했다.

크메르 루즈의 죽음의 수용소였던 뚜올슬렝을 방문했다. 이곳에 '어린 남동생'과 온 적이 있었다. 20년 전에 이곳은 고등학교였다. 그곳을 보고 너무 구역질나고 충격을 받았다. 희생자의 사진과 벌거벗은 채 죽음으로 끌려가는 공포의 초상화들이 줄지어 있는 섬뜩한 곳을 지나가면서 하나님의 형상으로 지어진 소중한 개개인을 자세하게 볼 수가 없었다. 주위 건물은 두쯔동지가 지배하는 이 소름끼치는 악과 죽음의 단지에 흡수되어 있었다. 그 중에 베들레헴 교회의 이전 성전이 있었다.

내가 머물던 호텔은 불교의 우주론에 나오는 '지고(至高)의 하늘'이라는 이름이었는데 UNTAC 군인들로 가득했다. 그들은 이전 공산권 동유럽에서 온 사람들이었다. 그들은 새로 발견한 자유를 즐기고 있었다. 그곳은 강렬한 것으로 가득했고 짙게 화장한 크메르 소녀와 창녀들이 그 평화 유지군에게 서비스를 제공하고 있었다. (병이나 전쟁 또는 사고로 죽은 사람을 전부 합한 것보다 그들 중 더 많은 사람이 에이즈로 죽었다.) 나는 벨 보이 때문에 슬펐다. 시골에서 갓 올라와서 전통적으로 가졌던 사양이나 겸양의 미덕 같은 것은 전혀 모르면서, 어떻게 하면 텔레비전에서 외설 영화를 계속 볼 수 있는지를 나에게 가르쳐주었다.

'지고(至高)의 하늘'을 도망 나와 나는 나의 캄보디아를 찾아 지나가는 시클로를 불렀다. 최소한 그들은 변하지 않았다. 나는 운전수에게 내가 수년 동안 꿈속에서라도 보고 싶었던 장소를 하나하나 찾아서 가자고 했다. 우선 청소년 센터로 갔다. 어둡고 비어 있었으며 구겨진 함석 뒤에 가리어 있었다. 아마도 도둑을 방지하기 위해서였을 것이다. 뒤로 몇 발자국 가보니 그곳에 변소가 바로 마주 보였다. 포장된 바닥 위 바로 그곳은 우리가 한 때 수십 명의 청년 사역자들과 웃고 얘기하던 자리, 여러 사역을 위해서 책을 가득 실은 오토바이를 타고 떠나던 그들을 배웅하던 곳이었다. 궁전 앞에 있는 해안 지구에서 우리는 공연을 했었다. 그곳은 쓰레기와 잡초가 가득했고 웅장한 메콩 강의 경치는 술과 담배를 선전하는 거대한 광고판이 망쳐 놓고 있었다. 우리들이 자주 함께 거닐며 대화에 몰두하던 조용한 정원, 거리, 그늘 진 나무들은 전부 못쓰게 되어 있었다. 프놈펜의 밤 거리는 주정뱅이, 도둑, 창녀들로 가득했다. 베나디 교회는 완전히 알아볼 수 없었다. 그곳은 상급 군대가 주둔하고 있었다. 그들은 크메르 루즈가 달아나서 도시가 비어 있을 때 즉시로 좋은 장소를 모두 차지해 버렸다. 베트콩군이 점령하자 부패한 경로로 쌓아 놓았던 도시의 모든 부(富)는 크메르 루즈의 창고에 쌓여 있다가 나중에 베트남으로 옮겨졌다. 중국인 교회에는 수많은 군인들이 그 가족들과 함께 무단으로 거주하고 있었는데 그들은 적개심으로 불타고 있었다. 그곳은 이전에 포르노 영화관으로 사용한 흔적이 있었다. 세례소에는 빨래가 널려 있었다. 따크마 성경 학교는 현재 나라 안의 온갖 전쟁터와 지뢰밭에서 부상당한 군인과 병자들로 가득한 병원이 되어 있었다.

마지막으로 당혹해 하는 시클로 운전수에게 부탁하여 노로돔 거리를 좀 다녀보자고 하였다. 그곳 72번가 옛 기독교 선교 협회 센터는 완전히 부서져 있었다. 20세기에 들어서 한창 때는 모든 개척 사역의 신경 조직 중심이던 곳이었다. 로즈와 그 남편 꼬음과 같은 사람들이 바탐방에서 여기로 와서 해먼드씨를 도와 크메르 성경을 처음으로 번역했다. 그리고 한참 후에 프놈펜이 함락되었을 때 그 탁월했던 선교사 노만 엔스(Norman Enns)가 인도하던 찬양과 기도모임이 있었던 곳이기도 했다. 불이 나가고 크메르 루즈가 쏘아대는 로켓이 머리 위로 소리 내며 스쳐가고 있었을 때도 그는 결코 찬양과 기도를 멈추지 않았다. 내 평생 잊을 수 없는 예배였다. 노만은 이제 영원한 빛 가운데서 항상 예배하고 있다.

프놈펜은 크메르 루즈의 지배 아래 있을 때는 조용한 유령 같은 곳이었는데 지금은 허영의 시장으로 변했다. 캄보디아인들이 킬링필드에서 피해 온 곳이 이렇게 폭력, 부패, 성, 담배, 술, 도박이 끓고 있는 가마솥에서 도덕적으로 자멸하는 곳이라니 참으로 아이러니이다. 캄보디아인은 종교심이 강해서 욕망을 억제하는 것과 폭력, 성, 술, 거짓말, 도둑질을 금지하도록 강조하는 사람들이라는 것이 일반적인 이미지였다. 그런데 그러한 이미지에 이런 현실을 부합시키는 것은 아주 어려운 일이었다.

그런데 하나님의 집, 벧엘은 어디 있을까? 베들레헴, 베다니, 베델 이렇게 함께 있던 세 교회 중에 아직 베델 교회만 못 찾았다. 한참을 헤매다가 드디어 찾았는데 교회 같이 생긴 외관만 알아 볼 수 있을 뿐이었다. 자세히 살펴보니 그곳 역시 말할 수 없이 못쓰게 되었고 속된 용도로 쓰였던 것을 알 수 있었다. 안은 어둡고 숨이 막힐 듯이 답답했는데 무단 거주자들로 가득했고 소변 썩는 냄새가 지독했으며 바닥에 놓인 화덕과 악령을 쫓아낸다고 벽을 따라서 태운 향의 연기가 공간을 채우고 있었다. 그 지역의 정부 관리는 재빨리 그 기회를 이용해서 나라 재산을 불법으로 팔려고 했다. 나에게 금 250온스를 주고 사라고 제안했다.

나는 그 황폐함 속에서 저쪽 끝에 있는 벽을 바라보았다. 연로한 하웁 목사는 매주 일요일마다 교회로 예배하러 밀려들어

오는 군중들을 지도하고 가르치기 위하여 저기 있던 검소한 숙소에서 이 문을 통해서 나오곤 했다. 잠깐 동안이나마 나는 이전에 있었던 일을 마음의 눈으로 볼 수 있었다. 그러나 그 상상은 사라지고 현실로 돌아왔다. 하움 목사는 순교를 당했고 여기 모이던 성도들도 대부분 순교했다. 그때는 아름다웠는데 지금 여기는 베델이 아니었다. 그저 더럽고 낡아 부서지고 있는 건물이었다. 내가 찾고 있던 캄보디아인의 베델은 여기에서는 찾을 수가 없었다. 캄보디아인이 그분의 이름으로 모이는 곳이면 어디든지 존재하는 것이 캄보디아의 베델이었다.

나는 하나님께서 이곳에서 행하셨던 일을 회상하며 조용히 감사를 드렸다. 나는 곁에 앉아서 어리벙벙해 하는 그곳 거주자들에게 여기에서 살아계신 하나님을 예배하던 사람들에 대해서 말해 주었다.

다음 며칠 간 이전에 청소년 센터에 다니던 학생 네 명과 즐거운 시간을 보냈다. 우리가 헤어진 이후에 괴로움을 당했던 이야기에 귀를 기울였다. 그들은 더 이상 청년이 아니었다. 그들은 나이가 들었을 뿐 아니라 영적으로 성숙해졌다. 나는 또 열심이 특심했던 쿠이시가 살아 있으며 캄보디아군의 높은 장교가 되어 아직도 태국 국경에서 크메르 루즈와 싸우고 있다는 이야기도 들었다.

넷째 날, 나는 '미친 곱사'의 방문을 받고 놀랐다. 내가 캄보디아로 돌아온다는 소문을 듣고 위험을 무릅쓰고 그 먼 바탐방에서부터 온 것이었다. 1979년 내가 국경에서 피난민 안내원을 통해 그에게 전해 주었던 책과 약에 대해서 그저 고마웠다는 말을 하기 위해서였다. 나는 또 하나의 진정한 이 캄보디아의 성자를 처음으로 만난 것이었다.

말이 유창해지고 자신감이 다시 살아나자 나는 이 백성의 마음속에 있는 거대한 영적 공백을 보게 되었고, 그들과 친구 되어 삶과 죽음과 영원에 대해서 이야기를 나누는 것이 얼마나 쉬운 일인지를 깨달았다. 사람들은 어디서든지 나에게 이런 질문을 하였다. "제 형이 되어주시겠어요?" "제 아버지가 되어 주세요?" 공짜 영어 선생님, 사회적 신분의 상징, 밥 한 그릇 등등의 선하지 않은 동기로 서양 사람과 사귀려는 사람도 있었기 때문에 조심해야 했지만, 나는 사람들 마음속에 대부분 진정한 사랑과 관계성에 대한 깊은 갈망이 있음을 의심하지 않았다. 그것은 나를 흥분하게 했고 또 두렵게도 만들었다. 아무 대가 없이 그들에게 하나님을 소개하고 아버지로 모시도록 할 수도 있었고, 아니면 기독교 선교라는 이름으로 자기가 은인이 되어 선심을 쓰면서 그들을 이용할 수도 있었다.

곧 방문객, 문의, 방문, 초대의 홍수에 빠지게 되었다. 기회는 수없이 많았다. 그러나 푸르러지고 있는 캄보디아의 밭에 돌이 많고 가시덤불이 빠르게 자라고 있는 것을 볼 수 있었다. 이러한 영적인 갈급함과 필요가 내부의 탐욕과 외적인 것들에 중독되어 곧 질식할 것인가? 그리고 그 개방 상태가 이전처럼 잘못 가졌던 환상으로 인해 다시 닫힐 것인가?

빼앗기고 학대당하고 있는 고아와 같은 캄보디아인이 많았다. 문자 그대로, 또 은유적으로 그러했다. 거울이 반사되어 눈부신 오락장이나 눈요기가 많은 시장에서 갑자기 자유로워진 아이들 같았다. 그렇게 사랑스럽고 애처로웠다. 만일 그들을 사랑하려고 하고 그 대가로 무엇인가 바란다면 틀림없이 상처를 입게 될 것이었다. 그러나 우리 인간의 거짓된 마음이 상처를 입는 시기가 빠르면 빠를수록, 예수님의 사랑으로 책임감을 가지고 무조건 그들을 사랑하는 것을 그만큼 더 빨리 배우게 된다.

그들이 무슨 말을 하던 간에 우리들 대부분처럼 그들은 무기력한 것이 아니라 약했다. 할 수 없는 것이 아니라 자신감과 격려가 부족한 것이었다. 그들을 불쌍히 여길 것이 아니라 지지해 주고 할 수 있도록 도와주는 것이 필요했다. 다시 비행기를 타고 싱가포르로 돌아오자 캄보디아를 향해 가졌던 나의 뜨거운 열정은 모두 식어버렸다. 그러나 어느새 마가렛과 나는 하나님께서 주신 소명을 이룰 수 있는 믿음과 힘을 달라고 기도하고 있었다. 다시 급격하게 변화하는 그 땅, 이상하게 친근한 그 삶과 죽음의 땅에서 또 한 번 사역할 수 있도록 기도하였다.

특별하게 새로 지은 우리의 평화 그리스도 교회에서 1993년에서 1995년 사이에 믿게 된 사람들이 열 두 명가량이었는데 똘라, 미엔, 킨, 첸다도 그 때 예수 그리스도를 만났다. 그 교회를 보고 한 방문객은 '어두움 가운데 빛나는 밝은 별'과 같다고 묘사했다.

선교 교과서에도 쓰여 있지만 나는 선교학자들에게서 선교사가 개척한 교회에 가난한 자와 부랑자가 많은 것은 그들이 가난한 자와 부랑자에게만 복음을 전해서라고 배웠다. 만일 중산층과 상류층에게 그런 기회를 주었다면 그들도 믿었을 것이라는 것이었다. 그것은 생각해 볼만한 일이기는 하지만 나는 본능적으로 이것이 지나치게 합리적이며 예수님의 가르침을 간과한 것이라는 생각이 들었다. 가난한 자와 부랑자들에게는 가난과 비천함 속에서 특별히 갖고 있는 능력이 있다. 하나님이 보시는 방식으로 자신들을 바라보는 능력이다. 하나님은 인간을 본질적으로 궁핍한 존재로 보신다.

이 성공회 교회와 주변 환경은 이 명제를 시험할 수 있는 좋은 기회였다. 교회의 위치는 프놈펜에서 내노라는 사람들의 관심을 끌 수 있는 완벽한 장소였지만 그들은 너무 바빴고 관심도 보이지 않았다. 그들은 결코 오지 않았다. 오겠다고 말하고도 오지 않았다. 그런데 캄보디아 말로 예배를 시작하고 얼마되지 않아 이 교회는 '시클로 교회'로 알려졌다. 왜냐하면 주일마다 예배를 드리러 오는 사람들이나 주간 중에 제자 훈련을 받으러 이 문을 들어오는 사람들은 대부분 가난한 시클로 운전수들이었기 때문이었다.

도시 안의 장기 선교사들 중에는 계속 이동하여 접근하기 힘든 이 사람들에 대해서 부담을 가졌던 사람들이 있었다. 그들은 캄보디아 사회에서도 멸시 받고 나쁜 습관이 깊이 배어 있어 괴로워하던 그룹이었다. 그것은 그들의 기도의 응답이었다. 시간이 지나면서 이 거리의 노동자들은 자기 가족과 친구들, 심지어는 고객들까지 데리고 왔다. 1994년이 되자 회중은 다양해졌다. 수십 명의 어린이들은 말할 것 없고 학생, 상인, 전문인, 주부 등 다양한 계층의 사람들이 왔다. 그중에서도 아이들은 즐거이 와서 노래하고 기도하고 성경 이야기를 들었으며 나중에는 소년단에 합류하였다. 이 아이들은 시클로 운전수들처럼 단순하고 수용적인 마음으로 왔고 빈손으로 왔다. 그들에게는 자기가 지키고 보호해야할 모습이나 지위가 없었다. 그들은 그저 마음이 소원하는 것을 따를 뿐이었다.

그런데 주께서 특별히 사랑하시는 이 '작은 자들'이 오늘날 이 나라에서 가장 위협적인 사람들이다. 1979년에 시작된 베이비붐으로 인해 현재 캄보디아 인구의 반이 18세 이하인 것을 감안할 때 이 아동과 청년 사역은 가장 우선적이 되어야한다. 그리고 그중 20만 명 이상이 고아이거나 버려진 사람들이다.

어마어마한 기회가 있다. 아무 조치도 취하지 않았을 때 그 결과는 생각할 수 없는 일이다. 만일 그 영민했던 민족주의자, 개혁적인 성향을 가졌던 폴폿, 렝사리, 키우삼판과 같은 젊은이들이 1950년대 파리 대학에 갔을 때, 마르크스주의자가 아니라 그 정도로 논리 정연한 기독교인을 만났더라면 캄보디아 역사가 얼마나 달라졌겠는가? 이 원기 왕성하지만 미몽을 깨우쳐야 하는 내일의 지도자들이 현재 무엇을 만나고 있는가?

오늘날 캄보디아 학생들이 학교를 졸업할 때쯤 되면 속임수와 거짓에 전문가가 되어 나온다. 그들은 기생하는 관료, 부패한 군인, 시골의 가난한 대중을 경멸하며 휘어잡는 거만한 전문인 계급이 될 준비가 잘 되어 있다. 1975년에 크메르 루즈가 '거리의 권력'의 잡았을 때, 이 모든 사람들과 그들이 살고 있는 탐욕과 방탕의 '악한 도시'를 전부 말살하려했던 것도 그리 놀랄 일은 아니었다. 이런 일에 우리도 놀라서는 안 된다. 만일 크메르 루즈가 민주적인 당을 구성해서 선거를 한다면 20년 전에는 도에 지나쳤지만 실제로는 아주 잘 할 것이다. 35세 이상 되는 소수만이 지금 그것을 기억하고 있다.

많은 캄보디아의 젊은이들은 혼돈스럽고 규율이 없으며 마음에 충격을 받은 채, 와해된 가정과 외부모 밑에서 힘들게 살고 있다. 청소년 범죄가 급증하는 것은 크메르 루즈가 가정을 해체시킨 것, 갈등을 해결하기 위해 폭력이라는 방법을 쓴 것, 계속되는 사회적, 정치적 불안, 소수의 부자와 다수의 가난한 자 사이에 격차가 깊은 것 때문이다.

수많은 아이들이 임시 고아원에 살고 있고 더 많은 아이들은 거리를 배회하고 있어서 소아 성애자와 갱단, 그리고 캄보디아와 이웃 태국, 베트남의 거대한 사창가의 먹이가 되고 있다. 에이즈의 위험이 크기 때문에 어린 소녀가 높은 값에 팔린다. 그들은 거리에서 유괴당하고 분뇨 구덩이로 사라진다. 심지어 부모가 성 산업체에 파는 경우도 있다. 월드비전을 비롯한 많은 기독교 기관들이 이 거리의 아이들을 돕고 있다.

담 너머로 자기 아이를 사달라고 하는 거지 과부를 만나고 나서 마가렛은 이 절망적인 여인들을 도와 자활 프로그램을 시작했다. 우리는 동남아시아 전도 협회 (Southeast Asian

Outreach -원래는 땅 치어가 캄보디아로 돌아와 순교하기 전 1973년에 영국에서 세운 그리스도를 위한 캄보디아 〈Cambodia for Christ〉이었다.) 같은 단체를 위해서 기도하고 후원해야 한다. 잔 리첼(Janne Ritchel)은 활동적이고 유능한 캐나다인으로 '다비다'라는 기관을 세워 수백 명의 가난한 슬럼가 과부들이 자급하며 긍지를 가지고 살 수 있도록 돕고 있다. 구걸이나 동정심을 받는 것이 아니라 그들이 가지고 있는 잠재력을 발휘하여 일할 수 있도록 하고 있다.

크메르 백성의 몸과 영혼이 회복되도록 효과적으로 돕고 있는 다른 개신교 개발 기관에는 '월드 컨선', '기독교 구호(Christian Outreach)', '배고픈 자에게 음식을(Food for the Hun-

소년단의 행진, 1995.

gry)' 등이 있다. 1990년 이래로 캄보디아에서 사역하고 있는 모든 기독교 선교회는 구제와 개발을 전체 전략 중에서 중요한 부분으로 삼고 있다. 그래야 마땅한 것이다.

오늘날 캄보디아에는 기독교 학교와 대학[2]이 진출할 여지가 대단히 많다. 늘 개발 기금을 받는 프놈펜 뿐 아니라 각 성의 수도에도 필요하다. 내가 말하는 학교는 수 세기 동안 기독교 기관과 선교사들이 세계 도처에 세운 좋은 학교들의 고상한 전통 가운데에서 뛰어난 학문과 도덕을 배워 마음과 성격이 형성되고 양심을 연마할 수 있는 그런 곳을 말한다. 오늘날 엘리트 교육을 한다는 학교 중에는 슬프게도 기독교 본연의 모습을 타협하고 있는 곳이 많다. 이것은 거대한 과업일 것이나 장기적으로 볼 때 그 값을 따질 수 없는 좋은 열매를 맺을 것이다. 이러한 기독교 학교를 세우려는 정력과 비전이 있는 사람들이 오늘날 있는가? 아니면 그것은 모두 옛날에나 있던 일인가?

돈이 많이 들지 않지만 아주 절실하게 필요하고 중요한 일이 있다. 기독교 청년 운동을 일으켜야 한다. 1995년 캄보디아에 소년단과 소녀단이 처음 소개가 되었다. 이러한 운동을 이미 잘 하고 있는 싱가포르와 말레이시아에서 이 문제에 적극적인 반응을 보였다. 이러한 종류의 일에는 돈이 문제가 아니라 헌신하는 사람이 문제이다. 크메르 청년들은 잘 훈련되어 있는 활력 있는 기독교에 열정적으로 반응할 것이다. 그들은 방향성, 소속

---

2) 기독교 진료소, 가르칠 수 있는 작은 병원이나 전문 병원이 많이 필요하다.

감, 직업을 찾고 있다.

마가렛은 다른 여자 선교사들과 성숙한 캄보디아 성도들과 함께 주일학교와 교회를 기반으로 하는 기독교 교육을 위하여 가르칠 자료들을 개발하고 있다. 이러한 참여 학습은 아주 인기가 좋았다. 교회의 젊은이들에게 어떻게 하면 더 좋은 동기를 부여하여 가르칠 수 있을지를 배우려고 사람들이 멀리서도 찾아왔다. 이 주일 학교 선생님들은 목사보다도 주일을 더 잘 준비하는 것 같았다.

이것과 함께 아주 재미있고 인기 있는 분야는 음악이었다. 악기와 성악과 이론을 같이 가르쳤다. 특히 OMF는 전통적인 크메르 음악을 잘 아는 전문가로 인정을 받고 있었다. 이것을 국가적으로 격려하여 전도와 제자 훈련과 예배에 사용하는 것이 좋겠다.

70년 전 복음을 들으려고 바탐방 시장으로 가던 네 농부, 하스 아저씨, 모응 아저씨, 뽐과 보우 할아버지와 같이 똘라, 미엔, 킨, 첸다도 기쁘게 그리스도께로 이끌렸다. 그들은 모두 순박하고 단순했다. 그것은 중요한 자질이었다. 이러한 것이 캄보디아의 본질이다. 그들은 캄보디아의 농부의 전형으로 잘 인내하며 살아 남았다.

그들은 더 나은 것을 찾으리라는 희망을 가지고 기다리면서 기꺼이 믿고 따를 준비가 되어 있다. 누군가 와서 자기가 알아들을 수 있는 말로 분명하게 복음을 전해주기를 기다리고 있는 것이다. 전하기만 하면 많은 사람이 '예!' 하고 따를 것이다. 왜냐하면 그들에게 완전히 이해될 것이기 때문이다. 그들은 말할 것이다. "왜 이전에 와서 말해 주지 않았나요? 여기 오시는데 왜 그렇게 오래 걸렸어요?"

크메르인은 몇 세대를 지내는 동안 권세 있는 왕과 왕후, 기사와 감독들 앞에 인질처럼 잡혀 있었다. 수백 년 동안 그들의 탐욕스럽고 무능하며 싸우기를 좋아하던 지도자들은 '신이 내린' 전제 군주부터 '민주적인' 마르크스주의자까지 백성을 좀 더 나은 곳으로 이끄는 대신에 권력을 유지하려고 반대 세력을 무너뜨리는 일에 더 관심이 있었다. 모두가 자신을 크메르를 위하는 민족주의자로 포장하여 심지어 자민족 중심, 외국인 혐오까지 갔으며 서로 자기가 '어린 백성들'을 가장 많이 위하는 사람이라고 주장했다. 그러나 모두가 오직 자기의 목적을 위해서 싸웠을 뿐이었다.

크메르인은 세상에서 가장 부당하게 조종당하고 학대받은 민족일 것이다. 대중은 기본적으로 봉건적인 정치 경제적 심리를 가지고 있다. 그들의 충성심은 은혜를 베풀어 주는 대상에게 향한다. 도덕적인 절대자나 객관적인 이상이 아니라 자신의 사정이 절박할 때 변화하는 실용주의와 상황에 따른 편이주의로 결정되는 관대함을 보고 충성한다.

유일한 예외가 있는데 그것은 땅과 땅을 깨우는 신비에 대해 갖는 고착된 헌신이다. 계절마다 생산되어 그들의 생명을 유지시켜 주는 쌀을 생산하는 논에 대한 헌신이다. 나는 매년 계속해서 비가 오면 땅을 깨우러 갈 때가 되었다고 하는 그들의 끊임없는 낙천주의에 놀란다. 그리고 추수 바로 전에 보이는 순수한 활력과 흥분에 놀란다.

한재와 홍수로 인한 피해가 그 어느 때보다 많은 것 같다. 그것은 숲을 황폐하게 하고 수문 시스템을 파괴한다. 내가 아주 가난한 농부들에게 논을 준비하는데 드는 높은 비용과 견인용 동물을 세내는 것, 비료 사는 것, 시간과 정력을 들이는 것 등과 풍작인 해에도 수확이 적은 것에 대하여 이야기를 꺼내며 아마도 한 동안 땅을 묵혀두고 도시에서 일하는 것이 더 낫지 않겠느냐고 해보았다. 그들은 믿기지 않는 표정으로 나를 바라다 보았다. 때가 되었는데도 논을 경작하지 않고 파종하지 않는다는 것은 그들에게 상상할 수 없는 일이었다. 그것은 꼭 해야만 할 일이었다. 수확이 좋은지 나쁜지는 문제가 아니었다. 아무리 손해를 보고 비용이 든다고 해도 땅에 씨를 뿌리지 않은 채로 있을 수는 없는 일이었다. 태국 난민 수용소 비좁은 곳에 지루하게 갇혀 있을 때, 캄보디아 농부들이 가장 그리웠던 것은 경작지였다. 특히 더운 계절이 끝나고 비가 오기 시작할 때는 더욱 그러했다.

내가 말하려는 요점은 교회가 또 하나의 봉건 지주가 되어 그들에게서 소작인의 감사와 같은 것을 받기가 쉽다는 것이다. 이 봉건 제도는 사회적으로 확립된 '계급' 제도로서 심리적으로 대단히 바꾸기 어려운 것이다. 캄보디아의 사역자 중에서 이 문제를 뛰어넘었다고 말할 수 있는 사람은 하나도 없다고 본다. 캄보디아인들은 프놈펜 왕궁에 왕이 '아버지'로서 있지 않을 때 두

려워하지만, 사실은 하나님 아버지가 그들의 주님이시고 왕이심을 알아야 할 필요가 있다. 그분이 땅과 물의 주인이시고 영원히 하늘 보좌에 계신 분이다. 그리고 그분과 우리의 관계는 그분의 피로 보증된 신성하고 영원한 언약이다. 이제껏 소홀히 했던 구약성경을 면밀히 가르쳐야 이러한 관계와 책임에 대해 이해할 수 있을 것이다.

크메르 백성을 이 기만과 불행의 고리에서 자유하게 하여 절망에서 벗어나게 하기 위해서는 하나님을 아는 지식에 눈을 뜨게 하는 길밖에는 없다. 불교는 인생을 불행의 초상화로 그린다. 불교는 전형적인 절망과 부정의 철학이며 비인간적인 것으로, 인생의 불행과 고통이 모든 자연적인 욕망이 사라지고 영원히 존재하지 않는 상태로 결말이 날 때까지 계속된다고 믿고 있다. 바로 이것이 전형적인 캄보디아인의 자아실현이고 온전한 구원의 모조품이다.

시클로 운전수인 농부 똘라는 이것을 알게 되었다. 그는 모두가 좋아하는 크메르 멜로디를 붙인 하나님의 말씀에 감동이 되었다. 캄보디아인들에게는 심미적이고 감정적인 정서가 있다. 그는 그것을 묘사하기를 모든 것을 비추는 밝은 빛이 자기 마음을 깨웠다고 했다. 몇 년 전 결혼하기 전에 한 동안 승려가 되어 절에 들어간 적이 있었다. 그때 누구나 마음속에 있는 영원한 질문에 대한 답을 진지하게 탐구했다. 수도원장에게 어떻게 모든 것이 창조 되었으며 무슨 이유로 존재하고 있는지를 물었을 때, 그는 대답하지 못하고 침묵했다. 우리도 모두 그렇지만 그는 깊이 박힌 죄 때문에 심하게 갈등했고 특히 그와 같이 외향적인 사람을 괴롭히는 만성 우울증과 신념의 상실로 인해 허우적거렸다. '킬링필드' 이후의 세대들은 일반적으로 그와 같은 경향이 있었다.

숙련된 목회적 상담이 절실하게 필요했지만 캄보디아에서는 그러한 것이 널리 소개되어 있지 않았다. 이러한 일을 할 때 캄보디아 목사들은 자기 아내와 함께 사역하거나 아니면 동성(同性)에게만 하도록 조언을 듣고 있었다. 최근에 정신적 쇼크(trauma)가 너무 심하고, 가정과 공동체가 붕괴되어가고 있으며, 과부와 고아가 많고, 장애인과 버려진 이들이 많기 때문에, 교회 지도자들은 어떻게 해야 새신자를 진지하고 효과적으로 도울지 고민하고 있다. 남자들의 난교와 부정이 횡행하고 있고 인구의 반수 이상이 어린 나이에 사나운 아이들이며, 또 버림받은 아내들과 인구의 불균형 때문에 극한 감정적 스트레스를 받고 있다. 새신자들은 모두 그러한 상태로 교회에 들어왔다. 그들을 훈련하는 일은 악몽과도 같은 일이었다. 캄보디아 목사들이 대부분 기도와 연구, 하나님의 말씀을 자기 것으로 만들어 가르치며 성도들을 제자훈련하고 그들에게 영적인 방향을 제시하는 일에 자기의 온 힘을 쏟는 것은 지극히 중요한 일이었다.

목회가 더욱 어려웠던 것은 크메르인은 수치와 슬픔은 알아도 죄의식은 없었다. 일반적으로 딸들은 더 단호하게 교육을 받아 책임감과 도덕적인 규율이 있었다. 아들들은 버릇이 없고 놀기 좋아했으며 제멋대로인 경우가 많았다. 오늘날 갈수록 여자들이 경제적으로 자립하면서 이러한 이전의 전통을 깨야한다고 생각하고 있다. 노인과 아이들을 책임지고 돌보고 있는 여인들은 남자들이 죽거나 실종되었기 때문에 그들만 믿고 살 수가 없었다.

미엔은 하나님께서 친히 무조건적으로 용서하신다는 약속을 믿고 완전히 변했다. 매주 예배를 드리는 중에 명료한 예수님의 말씀을 반복해서 들으면서, 그것만이 크메르 루즈가 행동은 없이 말로만 했던 이상적인 사회를 이룰 수 있는 유일한 희망인 것처럼 생각되었다.

첫 계명은 이것이니 '주 너의 하나님은 오직 한 분이신 주이시니 너는 마음을 다하고 성품을 다하고 뜻을 다하여 네 주 너의 하나님을 사랑하라.' 둘째는 이것이니 '네 이웃을 네 몸과 같이 사랑하라' 이보다 더 큰 계명이 없느니라.

미엔은 아무도 이와 같이 지혜로운 말을 해 주는 사람을 만난 적이 없었다. 그것은 완전히 다른 세상이었다. 언제나 하나님의 말씀을 듣게 하는 것이 가장 효과적인 전도 방법이다. 왜냐하면 바로 그런 방법을 통해서 성령께서 우리에게 말씀하기 때문이다.

캄보디아 교회는 지도자도 부족하고 학식도 부족하며 분해되어 있는 상태이기 때문에 내 생각에는 예배의 의식에 창조적인 방법을 동원하면 유익할 것이다. 교회 예배가 준비가 불충분하고 완전히 산만하기 때문에 그 구조와 방향을 잘 정하는 것이 꼭 필요하다. 전국적으로 세워지고 있는 작은 교회의 평신도 지도자들은 매주 무엇을 할지 몰라서 고민하고 있다. 예배 의식이 있으면 자기중심적이거나 선동적인 일부 목사들의 개인적 성향을 중화시킬 수 있을 것이다. 캄보디아 정치인들의 리더십 형태를 본받아 그대로 하는 경우가 있기 때문이다.

그 자리에서 필요에 따라서 즉흥적으로 할 여지도 남겨 놓으면서 예배의 첫 시간에 대중과 개인의 참회 시간을 갖는 것은 좋은 것 같다. 그때 무릎을 꿇거나 땅에 엎드리면 캄보디아인이라면 본능적으로 좋아할 것이다. 그 다음으로 10계명을 함께 암송하거나 성경을 읽는다. 주기도문과 사도 신경과 함께 모든 신자는 그 위대한 범례기도, 믿음의 기본 윤리, 그리고 기독교인이 믿는 것을 간결하게 요약해 놓은 것 등을 외우도록 할 것이다.

교리의 진술은 더 발전될 필요가 있다. 크메르 신학의 특징이 기술되어야 하고 논쟁법, 변증 신학이 발전해야 한다. 이원론, 환생, 운명주의, 공적 쌓기 등이 만연하고 있는 환경에 살면서 자기의 믿음이 스미어 나오는 신앙 고백이 필요한 것이다. 예를 들어 예수 그리스도를 언급할 때 그분이 구원을 받기 위해 필요한 유일하고 완전한 공적이라는 교리의 진술이 있으면 좋을 것이다. 문화나 지리적 요건이 비슷하기 때문에 태국 교회의 경험이 캄보디아 기독교인들에게 훌륭한 자원이 된다.

이 모든 것을 풍부한 캄보디아 전통 음악을 사용하여 노래로 만들거나 랩으로 내용을 말하도록 할 수 있다. 크메르인이라면 모두 이러한 멜로디를 잘 알고 있고 좋아한다. 그들은 이러한 음악이 자기들 고유의 것이기 때문에 언제나 즉시 적극적으로 반응을 보인다. 이런 노래를 전부 외우면 삶의 현장 속에서 그 노래를 계속할 것이고 또 다른 사람에게 들려줄 것이다.

구약, 신약, 시편, 복음서, 서신서등 성경을 조직적으로 전부 읽도록 도와주는 프로그램이 있다. 옛날에는 교회에 대한 반응을 이끌어낼 때 아주 자연스럽고 자발적인 방법을 썼다. 진리에 대해 긍정하고 권면하며, 깨닫고 참여하며, 격려하고 가르치며 외우도록 했다.

"주님이 당신과 함께 계십니다."

"네, 당신과도 함께 계십니다."

"그리스도께서 부활하셨습니다."

"그분은 정말로 부활하셨습니다."

더 다양하고 더 분별력 있으며 더 참여하게 해야 예배의 질을 높일 수 있고 사람들의 주의를 계속해서 집중시킬 수 있다. 그들은 오랜 시간 앉아서 듣는 일에 익숙하지 못하다. 설교는 짧고 유쾌하게 하되 신중히 준비할 것이며 좋은 예화 자료를 가지고 한 가지 주안점을 강조해야 한다. 우스꽝스러운 연주회가 되어서도 안 되고, 매주 지루하게 창세기에서 요한계시록까지 두서없이 지루하게 하는 만담으로 변질되어서도 안 된다. 그렇게 하고 있는 캄보디아 교회가 너무 많다.

반응을 이야기하자면 찬양을 할 때도 마찬가지이다. 오늘날 유행하는 것처럼 처음에 마라톤처럼 길고 지루하게 부르기 보다는 예배 곡을 신중하게 선택해서 예배 순서에 알맞게 배분해 넣어야 한다. 그리고 캄보디아 민요처럼 남녀 교창을 해도 좋겠다. 이렇게 하면 활력이 있고 재미있으며 모두 참여하게 된다.

규율과 마땅한 경외심을 가르쳐야 한다. 지난 20년 간 캄보디아의 전통 예절과 겸양이 사라졌다. (불교도들은 그저 절에 가기만 하면 되는 것으로 생각한다. 개인적으로 절을 하지도 않고 심지어 관심도 기울이지 않는다.) 캄보디아인들은 천성적으로 보수적이고 존경과 경의를 표시한다. 그들은 왕 앞에 약식으로 친숙하게 나가는 것은 생각하지 못한다. 나는 궁극적으로 우리가 입는 옷과 취하는 자세만큼의 수준에서 살게 되는 것이라고 믿고 있다.

캄보디아는 어디에서든지 십일조가 어렵다. 대부분의 사람들은 공적을 쌓기 위해 주는 경우를 제외하고는 받는 것이 주는 것보다 더 좋다고 믿는다. 캄보디아 교회가 자립이라는 목표에 가까이 나아가기 위해서는 십일조의 책임을 이해하도록 도와야 한다. 헌금의 방법에 있어서 공 예배 중에 일괄적으로 헌금함을 돌리는 것에 대해서는 신중하게 생각해야 한다. 기독교인이나 비기독교인(헌금을 강요받지 말아야 될 사람들) 양 편에서 자주 오해를 하는 문제이다. 불교의 '시주'와 같은 잘못된 개념은 가르쳐서 바로잡아야 한다. 교회의 모든 재정 문제를 투명하고 신뢰할만하게 할 때 냉소적인 반응도 극복할 수 있을 것이다. 이곳 교회의 두 가지 큰 슬픔인 성과 돈 문제는 치료보다 예방을 해야 할 것이다.

미신과 우상 숭배의 위험성을 조심해야 하겠지만 이 백성이 지니고 있는 감정적 예술적 감각과 본능에 호소하는 적당한 상징물이나 성경의 진리를 그리거나 극화한 크메르적 기독교 예술을 늘 그들 눈앞에 보이도록 한다면 그들의 신앙에 큰 도움이 될 것이다. 후기 근대 사회에서 우리 서양이 선호하는 말과 실용성과 합리성은 그들을 둔화시킬 뿐이다.

요즈음 결혼과 헌신 예식, 장례식 등에 크메르적인 형태와 관습이 더욱 가미된 것을 보면 기쁘다. 그러나 크메르인들이 그러한 예식에서 승려나 영매가 해 주기 원하는 이상으로 공동체의 일상적인 필요에 대한 기독교적인 대안을 더 깊이 생각하여 발

전시킬 필요가 있다. 치유, 축사, 사랑과 결혼 상담, 두려움, 갈등 해결, 출산, 곡물의 보호, 집 청소, 병, 죽음 등등에 대해서 상담할 준비가 되어 있어야 한다.

이 모든 것은 크메르 민족에게 있어서 초자연적인 것이 얼마나 실제적인 문제인지를 보여준다. 우리와는 달리 그들은 모든 것을 영적으로 이해한다. 현재 우리가 가진 경건한 체하는 자기 도취적 영성을 가지고는 결국 아무런 증거도 되지 못할 것이다. 예전의 길에서 떠나게 하고서 우리는 그 대신으로 아무 것도 영속적인 것을 주지 못하고 그저 세속주의와 물질주의, 호색주의의 높은 물결 앞에 그들을 방치하였다.

이전의 축제나 기념일을 대신할 기독교 축제가 더 있으면 좋겠고 그들만이 독특하게 경험했던 영적 순례와 경험에 대한 이야기도 나눌 기회가 더 있으면 좋겠다. 예를 들어 캄보디아 교회는 고난당하고 믿음 때문에 순교한 증인들이 구름같이 많은데 그들을 기억하고 감사하는 시간도 있으면 좋을 것이다. 땅치어가 순교를 앞둔 며칠 동안 온전히 눈물로 통곡하는 선지자 예레미아를 닮아 있었다고 회상하는 사람이 있었다. 캄보디아 교회의 경험에서는 고난이 강력한 주제이다. 그것은 미래의 그림이 나오는 지주가 될 것이다. 갑자기 과거와 너무 다르지 않은 미래가 그려질 것이다. 그런데도 나는 캄보디아 순교자나 믿음의 거인에 대해서 나라 어디에서도 제대로 기억하고 있는 것을 보지 못했다. 교회에서 과거의 가장 좋은 기억으로 남아 있는 그 연대감을 되풀이 하여 가르치는 것이 중요하다. 현대 캄보디아 교회가 그 고통스러웠던 기억을 부인하고 잊는 것은 건강한 징조가 아니다.

우리의 세 번째 시클로 운전수 킨은 처음에는 알지 못하는 사람들과 있는 것이 아주 불편했고 자기가 문맹인 것 때문에 쩔쩔맸다. 교회에서는 자기가 글을 아는 것처럼 가장하며 소리 나게 책 페이지를 넘겼지만 속으로는 자신이 미웠다. 특히 자기 가족을 힘들게 하는 것이 수치스러웠다. 그는 다른 사람들이 틀림없이 자기를 멸시할 것이라고 생각했는데 물론 맞는 생각이었다. 킨은 자기가 결코 책의 내용을 이해할 수 없을 것이라고 확신하고 있었다. 복음이 그에게 영향을 주려면 말로서가 아니라 실제 있는 어떤 것으로 나타나야 했다.

어느 날 밤, 거리에 모인 사람들에게 말씀을 전하려고 밖으로 나갔는데 킨이 아래 짧은 속옷만 입고 자기 시클로에 앉아서 자고 있었다. 상하의 한 벌이 담장에 널려 있었고 그의 온 몸에는 모기가 온통 들러붙어 피를 빨아먹고 있었다. 나는 해충을 차단시켜주는 연고를 그의 몸에 발라주고 그 일은 잊어버렸다. 내가 그의 발에까지 약을 발라 준 것이 그에게 아주 놀라운 일이었다. 이런 식으로 그의 발을 만지던 사람은 아무도 없었다. 캄보디아인들은 몸 가운데서 발을 가장 낮고 사회적으로 부정한 부분이라고 여긴다. 발로 누군가를 만지거나 사람이나 그의 소유물을 넘어가는 것은 극도로 무례한 일이었다. 앉아 있을 때도 발가락이 다른 사람을 지적하지 않도록 구부려 당기는 자세로 있어야 한다. 그런데 내가 두 손으로 아주 천한 노동자의 더러운 발을 쥐고 그 발 전체에 부드럽게 연고를 발라준 것이었다.

왕에게 말을 할 때 전통적이고 공적인 크메르 말로 '나'를 문자 그대로 옮기면 '머리 꼭대기가 당신 발의 먼지보다 아래에 있는 자'가 된다. 나는 무의식적으로 내 몸과 내 머리를 그의 발에 있는 먼지보다 아래에 둠으로써 그를 왕처럼 대우한 것이었다. 그는 즉시로 영예와 굴욕감을 동시에 느꼈다. 그에게 그럴 가치가 있었는가?

한 달 후 다른 시클로를 탔는데 그 운전수가 킨이 오랫동안 자기 시클로를 길 가에 두고 힘없이 누워 있다고 말해 주었다. 너무 허약해져서 일을 하지 못하고 있으며 음식을 사거나 집으로 돌아갈 돈이 없다는 것이었다. 사실은 몸이 심하게 병든 상태인데도 최근 집을 떠나 온 것이었다. 도시에서 시클로로 돈을 벌어 가족을 부양하지 않으면 안 될 상황이었다. 얼굴에서 끄로마를 벗겨보니 거의 탈수 상태로 간신히 의식이 있는 정도였다.

나는 그를 교회의 아름다운 정원으로 데리고 와서 일주일 간 쉬게 했다. 기도와 약과 휴식으로 그는 회복되었다. 그의 체재가 거의 끝날 무렵 한 번 긴.대화를 나눌 기회가 있었는데, 자기 같은 사람을 이렇게 사랑할 수 있는 하나님이 도대체 어떤 분인지 알고 싶다고 했다. 그들의 기억에 자신이 가치 있게 여겨진 적도 존중을 받아 본 적도 없기 때문에 그리스도의 이름으로 베푸는 아주 작은 사랑의 행동도 아주 혁명적이다. 캄보디아에서는 이웃 사랑이 아주 부족하기 때문에 이런 식으로 나타나는 하나님의 사랑은 삶을 영원히 바꾸어 놓을 수가 있다.

그런데 문제는 이러한 일은 우리가 하는 것보다 크메르 기독교인들이 '가서 너희도 이와 같이 하라'는 말씀에 순종하도록 하는 것이 더 좋다. 캄보디아에서 복음이 지금과 같은 종교적인 유행이 되어 간다면 얼마 되지 않아 광신, 율법주의, 관념 형태로 퇴보할 것이다. 이것은 예수님의 방법이 아니다. 서양에서 우리는 인류 평등주의, 약간의 규칙이나 전통 파괴, 영웅 깎아내리기, 통속적인 것들에서도 미덕이 되는 것을 끌어낼 수 있다. 그러나 크메르인은 다르다. 크메르인은 아무리 가난해도 좀처럼 이타적인 사랑의 행동을 할 줄 모른다. 그들은 자기 지위를 잃을까봐 두려워하고, 사람들이 자기를 이용할까봐 두려워한다. 다른 쪽 사람은 그냥 모른 체 하는 것이 언제나 더 낫다. 크메르 사람 두 명이 만나면 누가 더 우위에 있는 사람인지를 제일 먼저 확인한다. 그 과정은 재빠르고 거의 기계적으로 일어난다. 명령 순위가 정해지는 것이다. 관계가 전부 이런 식으로 맺어지고 상대방에게 사용하는 언어도 그에 따라 달라진다.

그리스도인들이 크메르 사람들에게 무의식적으로 대하는 태도는 이러한 문화적 전례를 완전히 혼란스럽게 만들었다. 정반대의 문화가 생겨나기 시작한 것이다. 무조건 순응하는 것을 기대하고 있는 문화에서 아주 희생이 클 수 있는 것이었다. 캄보디아에서 선교사의 안락한 강대상과 시야 밖에서 적용되는 기독교, 가족 관계와 시장의 윤리 같은 은밀한 장소에서 실제로 적용되어야 하는 기독교는 그 뿌리를 내리는데 아직도 시간이 더 필요하다. 그리스도를 중심에 모시고 항상 비이기적인 마음으로 불가촉천민을 만지는 것, 불쾌한 사람을 사랑하는 것, 용서할 수 없는 사람을 용서하는 것 등은 교회의 대다수가 아직 그 변화를 경험해보지 못한 난제로 남아 있다. 그래서 교회가 현 사회의 풍조에 타협하여 힘을 잃게 되고 자기에게 열중하는 경향으로 치우치게 된 것이다.

이러한 상황 때문에 우리는 초대 교회의 모델을 생각해 볼 필요가 있다. 로마의 타락 가운데 처했던 소수의 핍박받던 기독교인들은 그 순교를 통하여 예수 그리스도의 철저한 증인이자 살아 있는 논증으로 사람들에게 인식되었다. 그 이후 중세 시대에 교회가 편의와 타협의 유혹에 빠져있을 때 활기찬 평신도 집단이 일어났다. 그들은 부패를 멀리하고 단순한 삶을 맹세하며 하나님 앞에서 성적 순결과 경건한 순종으로 자신을 성별했다.

캄보디아에서 그러한 평신도 집단이 자신이 속한 가정과 사회에서 이러한 맹세를 지키며 경건하게 산다면 얼마나 강력한 증거가 되겠는가? 불쌍한 사람을 도와주는 일도 인상적일 것이다. 특히 캄보디아의 오랜 역사 가운데 주어진 승려와 비구니 사회에서 남자는 일생 중 적어도 한번은 승려가 되는 전통이 있기 때문에 남자가 그렇게 산다면 훌륭한 증거가 될 것이다.

그리고 수도원에서 행하던 방법처럼 렉시오 디비나(거룩한 독서)를 하면 어떻겠는가? 수도사들은 날마다 성경을 천천히 부드럽게 소리 내어 읽는 훈련을 하였다. 크메르인도 각 페이지마다 소리 내어 책을 읽으면서 집중해서 스스로 듣고 외우는 습관이 있다. 수도사들은 성경 본문을 문자적 의미, 상징적 의미,

윤리적 의미, 그리고 천상(天上)적 의미 이렇게 4단계로 이해했다. 크메르 학생들이 나에게 질문하던 내용을 생각해 볼 때, 우리가 함께 읽으면 그들도 이런 식으로 본문을 감지하고 해석할 수 있을 것이다. 논리적이고 분석적이며 문법적인 이해 방식을 지양할 것이다.

나는 시클로 운전수들을 지켜볼 때마다 중세 수도사들이 생각나곤 했다. 그들은 교회 밖에서 멈춰 서서 성경을 앞에 펴놓고 크게 읽었다. 자기 뒤에서 다른 사람이 책을 읽는 소리나 큰 소리 내며 지나가는 차 소리도 전혀 의식하지 않고 집중해서 읽는 것이었다. 이런 방법은 눈으로만 읽다가 마음은 멀리 가 있는 경우보다 훨씬 좋은 것이었다.

이러한 방법을 통하여 크메르 교회가 '알아서 해라'는 식의 이류 영성 습관에서 벗어날 수 있을 것이다. 우리에게 좋지 않았던 방법을 왜 그들에게 전해주려 하는가? 더구나 크메르인은 무슨 일이든 함께 하기를 더 좋아한다.

첸다의 간증을 여기 소개한다.

제 이름은 첸다입니다. 19살인데 불행하게도 폴폿 2년에 태어났습니다. 동생이 3명 있습니다. 제가 어릴 때 스베이리엥성의 가난한 농부였던 아버지는 프놈펜에서 시클로에서 떨어져 거리에서 돌아가셨습니다. 나는 아버지가 어떻게 돈을 벌어서 우리를 먹여 살릴 수 있을지 고민하던 일에서 벗어나셨다고 생각합니다. 후에 들으니 아버지는 술을 많이 드셨고 도박을 했다고 합니다.

저는 아주 어려서 어머니를 따라 프놈펜에 와서 살면서 공사장과 길거리에서 일했습니다. 우리는 파종하고 추수하는 계절 사이에는 쌀을 사고 끝없는 빚을 갚기 위해서 언제나 이런 일을 했습니다. 저는 몇 달 간 마을 절에 있는 학교에 다녔습니다. 학교에 다니려고 해도 책과 옷을 살 돈이 없었기 때문에 어머니는 나에게 일을 하도록 시켰습니다. 이제 어머니가 결핵으로 너무 편찮으시고 약해져서 마을을 떠날 수가 없습니다. 그래서 아버지나 할아버지처럼 제가 프놈펜에서 열심히 시클로를 운전하여 가족을 부양하고 있습니다.

지난 9월 어느 날 저녁, 비가 오는데 우리 마을에서 온 다른 시클로 운전수가 던 목사님이 가르치시는 교회로 나를 데리고 왔습니다. 교회 담에 밖으로 플라스틱 덮개가 덮여 있어서 우리 거리의 사람들은 매일 밤 그곳에서 비를 피하여 잘 수 있었습니다. 우리는 이 하나님의 이 거룩한 '지붕 밑'에서 자는 것이 행복했습니다. 매일 밤, '던 할아버지'는 우리에게 와서 함께 이야기를 했습니다. 우리 마을에서는 모두 목사님을 그렇게 부릅니다.

그런데 지금 저는 목사님을 선생님이라고 부릅니다. 교회에서 제가 그분이 가르치시는 학생이기 때문입니다. 저는 천지를 만드신 창조주이시고 구원자이신 하나님에 대해 배우고 있습니다. 이제 저는 노래가 너무 빠르지 않으면 따라 부를 수도 있습니다. 또 저는 교회에서 매일 밤 크메르 글자를 읽고 쓰는 것도 배우고 있습니다. 저는 아직도 자기 전에 교회 담에 제 모기장을 묶습니다.

교회에서 시클로를 살 수 있도록 돈을 빌려 주셨습니다. 그래서 매일 시클로 주인에게 1달라를 주는 대신 그 돈을 교회에 갚았습니다.

이제 나는 내 시클로가 있습니다. 그래서 매일 1달라를 모아 어머니에게 음식을 사시라고 보내드릴 수 있습니다. 지난 달 추수하러 집으로 돌아갈 때 암탉을 3마리 사서 가져갔습니다. 지금은 새끼 돼지 한마리(14달라)를 사고 또 그 다음에는 소(90달라)를 사기 위해 저축을 하고 있습니다. 그렇게 하면 소를 빌리지 않아도 됩니다. 밭을 갈 때 소를 빌리면 추수한 곡식중 반을 나누어줘야 합니다. 던 목사님은 우리에게 담배나 도박으로 돈을 낭비하지 말고 저축을 하라고 격려하십니다. 우리가 저축한 것을 맡아주셨다가 집으로 돌아갈 때 돌려주십니다.

이제 저는 주 예수님을 믿기 때문에 행복합니다. 빛이 제 마음 속에 들어왔고 제 삶에 희망이 생겼습니다. 우리는 매주 토요일 아침에 찬양 연습을 하고 화요일 마다 목사님에게서 성경을 배웁니다. 주일에는 우리 시클로를 교회 밖에 세워두고 안으로 들어가 하나님께 기도하고 찬송가를 부르며 하나님의 진리에 대해서 더 배웁니다. 지난 일요일, 우리는 예수님의 탄생을 축하했습니다. 우리는 모두 아주 행복했고 교회도 아주 아름다웠습니다. 저는 코코넛 까지 춤과 소년단의 찬양이 제일 재미있었습니다. 이제 저는 예수님이 어떻게 이 세상에 태어나셨는지 이해합니다.

제가 걱정하는 것은 우리 시골 집에서 어머니가 매일 단에 향을 태우시는 것입니다. 어머니는 크메르 루즈에게 살해당한 할아버지의 유령을 위해서 라고 하시며 그렇게 해야 우리 집을 보호할 수 있다고 믿고 계십니다. 우리 어머니는 강하지 않으십니다. 언젠가 어머니도 예수님을 구주로 믿게 되시면 좋겠습니다. 12월 31일 주일에 저는 세례를 받을 것입니다.

1994년 성탄절은 1974년 프놈펜이 함락되던 날 마지막으로 드렸던 성탄 예배로부터 20주년이 되는 날이었다. 이 날 수도와 근교의 교회에 모인 성도들 수가 얼마나 되는지 알 수는 없다. 그러나 20년 전에 거의 육박하는 5,000명 정도일 것으로 추정하고 있다.

우리의 평화 그리스도의 교회에서 일어난 일은 국내의 다른 교회에서도 많이 일어나고 있는 일이다. 1994년 성탄절은 꾸준한 영적 성장과 복음의 확장이 정점에 달했던 즐거운 날이었다. 시클로 운전수와 다른 노동자가 전했던 메시지는 먼 마을까지 소문이 퍼졌다. 크메르 기독교인들 중 처음으로 성탄 축하를 해보는 사람들이 많았는데 아주 열정적으로 참여했고 너무 오랫동안 폭력과 궁핍으로 질식해 있던 창조적인 재능을 마음껏 발휘했다.

1994년 성탄절이 더욱 소중했던 것은 그 해의 가뭄과 흉작, 빈곤, 정치적 불안, 만연한 폭력과 질식할 것 같은 부패의 '추운 겨울' 한 가운데에서 나온 밝음과 따뜻함이었기 때문이었다. 교회는 다채로운 불빛으로 빛나고 있었다. 성탄절이 다가오는 동안 매일 밤 시클로 가수들은 밖에 모여 뇌리 속에서 떠나지 않고 맴도는 크메르 찬송가와 캐롤을 부르고 성탄극에서 자기가 맡은 부분을 연습했다. 시클로 운전수 목동들은 원래 목동들처럼 사회에서는 별 볼일 없는 존재로 여겨졌지만, 교회 앞마당에서는 쾌활하게 이리저리 움직이며 즐겁게 춤을 추고 있었다. '동방 박사' 들이 집에서 만든 구유에 짚을 깔고 끄로마를 포대기로 하여 감싼 인형을 들여다보고 있었다. 그들은 이전의 크메르 루즈, 알콜 중독자, 승려였다. 크메르 회중의 지도자들이 설교 초안을 여러 번 교정하며 작성했다. 크메르 회중의 거의 반 정도가 이 성탄 축하연에 참여해서, 이제 막 그 의미를 깨닫기 시작했던 중요한 성탄절을 몸으로 축하했다.

아침 영어 예배가 끝나자마자 수위들이 들어와 그 장소를 마구간으로 바꾸었다. 새로 자른 대나무 잎, 짚단, 옛날 발판, 바구니 그리고 온통 다른 것들로 덮어 놓았다.

오후 2시가 되니 이웃 아이 80명가량이 들뜬 기분으로 교회에 들어와 앉았다. 그들은 교회에 가득 앉아 늘 우리 교회에 나오는 주일학교 학생들이 캐롤을 부르고 연극을 하는 것을 재미있게 지켜보았다.

노 선지자 이사야로 분장한 아이가 구세주 탄생의 성격을 예언하는 것으로 극이 시작되었다. 아이들은 이야기가 진행되는 동안 한시도 눈을 떼지 못했다. 모두가 난생 처음으로 보고 듣는 것이었다. 주일 학교 선생님 2명이 이 연극을 위해서 많은 시간 수고했다. 원래는 마당에서 피크닉을 할 계획이었지만 시간이 없어서 돌아가는 아이들에게 대문에서 선물 보따리를 하나씩 나누어 주었다. 어른 모임이 또 6시에 있기 때문이었다.

어두워지기 시작하여 나무와 스포트라이트를 받고 있는 거대한 성탄 휘장과 입구 전체에 매달려 있는 형형색색의 장식 꼬마 전구에 불을 켰다. 교회는 홀쭉한 크메르 사람 80명이 겨우 끼

주일학교 성탄극, 1994.

어 앉을 정도였다. 그런데 성인 프로그램이 시작되자 그만큼 많은 숫자의 사람들이 문과 담 밖에 더 모여 들어 안에서 무슨 일이 일어나고 있는지를 보려고 애를 썼다. 즐거운 찬양 소리 때문에 더 많은 사람들이 거리에서도 몰려들었다.

성경 학교 학생 하나가 2줄짜리 캄보디아 바이올린 연주에 맞추어 애조를 띤 크메르 기독교 자장가를 불렀는데 나는 그 날 밤 그것이 제일 좋았다. 그 때 요셉과 마리아는 구유 앞에서 놀라며 경배하고 있었고, 모두가 그 장면에 혼을 빼앗긴 듯 빨려 들어가 있었다.

다 끝나고 나서 모두 교회 마당의 장식된 불빛 아래로 나와 다과를 나누었다. 성탄절에 마땅한 그곳의 즐겁고 친밀한 분위기는 교회 담장 밖 프놈펜의 어두운 밤과 완전히 대조가 되는 것이었다.

경비실에서 잠시 서서 20년 전 1974년 내가 맞았던 첫 크리스마스를 생각해 보았다. 그때는 '죄 없는 자를 죽이던' 크메르 루즈 혁명의 어두움과 공포 속으로 들어가기 몇 주 전이었다. 그때 '밤'이 오기 전, 마지막 성탄을 축하했던 사람들은 소수의 남은 자를 제외하고 모두가 피로 물든 '킬링필드' 속으로 한 알의 밀알이 되어 떨어졌다.

20년이 지나면서 모든 것이 달라졌다. 아니 아무 것도 달라지지 않았다. 이름과 얼굴은 다르지만 사람들은 같았다. 내 주위에 있는 많은 젊은이들은 그때 아직 태어나지도 않았다. 지금 그들은 1974년의 젊은이들처럼 활기가 넘치고 있다.

나는 이런 생각을 했다. — 그리고 내일 이 모든 일이 끝나 장식물을 내리고 구유도 치우고 나서 그들은 자기 마을로 돌아가야 한다. 수많은 지뢰와 항상 몰래 숨어 있는 크메르 루즈 살인자의 협박과 강도 같은 캄보디아 정규군을 피해서 그 황량한 땅에서 쌀 이삭을 거두어야 한다. 어떻게 식구들을 먹여 살리며 빚을 갚아야 할지, 또 다시 시작하기 위해서 얼마나 돈을 모아야 할지를 걱정할 것이다. 어리석고 무관심해서 가난의 늪에서 벗어나게 해 줄 수 없는 관료들과 부패한 엘리트 지배자를 상대해야 한다.

경비실 위를 비추고 있는 불빛 건너로 나가면 이 모든 것이 기다리고 있는 것이다. 오늘날 캄보디아에서 기독교인이 되는 것은 여전히 이전과 같이 어렵다. 그러나 1974년과 마찬가지로 크메르 교회의 특징이었던 내적 힘과 용기는 오늘날도 여전히 유효하다. 왜냐하면 그분은 더 이상 구유에 누우신 아기가 아니라 부활하셔서 영화롭게 되어 영원히 사시는 주님이시기 때문이다. 그리고 그분은 그들과 함께 가겠다고 약속해 주셨다. 이 교회의 문을 지나서 크리스마스에 오셨던 그 빛을 그들이 가지고 오기를 기다리고 있는 어두움 속으로 함께 가실 것이다. —

1995년 초, 수도의 교회들은 종교국 장관으로부터 모든 개신교회를 하나로 조직하라는 편지를 받았다. 이사회를 수장으로 하여 교회와 정부가 연락할 수 있도록 하라는 것이었다. 정부는 불교, 무슬림, 천주교와 그 지도자들의 신원을 파악할 수 있었다. 그런데 개신교에는 교파, 교회 밖 운동, 독립 기관, 인도주의자 등등 수많은 기관이 있어서 외국 아첨꾼들이 줄줄이 모여 뒤죽박죽되어 있는 것으로 보였다.

그 제안은 환영받을 만한 것이기는 했지만, 하나가 되지 못하는 개신교회의 무능과 반복적인 실패에 대한 하나의 고발장이었다. 모두가 같은 성경을 믿고 있었고 복음적인 신앙도 같은 사람들이었다. 불교를 믿는 정부가 오래 기다리다가 기독교인들이 다툼을 멈추고 하나가 되어 같은 보조로 행동하라고 명령할 수밖에 없었다는 것은 우리의 수치였다.

몰몬, 여호와의 증인, 신사도 운동과 같은 이단 그룹을 제외하고 이의를 제기하는 그룹이 개신교 안에 두 군데가 있는 것 같았다.

첫째는 자기들이 진짜 성령으로 충만한 교회라고 생각하여 '온전한 복음'을 전하지 않는 그룹에는 합할 수 없다는 사람들이었다. 그들은 따로 훈련 학교를 운영할 것이었고 다른 교회가 있어도 자기 교회를 그곳에 세워야 된다고 생각했다.

둘째는 캄보디아인 중에 미국의 큰 선교 단체 파송 선교사로 본국으로 돌아온 목사들이 있었다. 그들은 국가적인 교회 운동에 협력해야한다는 제약이 없었고 모든 일을 자신이 책임지면 되는 사람들이었다. 이들은 간섭을 싫어하는 프리마돈나로 캄보디아의 정치지도자들처럼 자신의 왕국을 세우고 국가의 유익보다 자신의 야망을 앞세웠다.

해외에서 돌아오는 크메르인 중에 서로 사이좋게 지내는 사람들이 거의 없다는 것은 슬픈 사실이었다. 서로 믿지 못하고 시기했기 때문이었다. 이러한 태도가 바뀌지 않는다면 캄보디아의 기독교 디아스포라들은 서양에서만 믿음 생활을 해보았기 때문에 조국의 교회에 기여할 기회가 거의 없고 오히려 골칫거리가 될 것이다. 모든 선교 기관은 다른 캄보디아 사람에게 하는 것과 같은 엄중한 조사와 감독과 책무를 받도록 하였다.

이러한 정부의 지시 때문에 토론을 하게 되었는데 그로부터 고무적인 일들이 나오게 되었다. 그 중에서 중요했던 일은 캄보디아 복음 협회(Evangelical Fellowship of Cambodia)가 결성되어 세계 전도 협회와 관계를 맺으려고 시도한 것이었다. 이 일을 위해서 EFC는 나라 안에 있는 복음적인 기독교인을 대표해야 했다. 여기에 장애물이 있었다. 정부는 불행하게도 누군가에게 설득당하여 몇 개의 산하 기관을 포괄하여 등록하도록 결정했다. 그 이유는 확실하지 않다. 아마도 자기들이 필요할 때 나누어 다스리기 위한 무기로 쓰려는 가능성이 있었다. 종교국에서는 기독교인이 감당할 수 없을 만큼 숫자가 늘어나면 그것을 조정할 계획을 갖고 있다는 사실을 숨기지 않았다. 캄보디아의 해 아래에는 새로운 것이 없었다.

이 사건은 강하고 독립적인 교파와 선교 기관들이 별개의 개신교 조직으로 등록할 수 있는 길을 열어 놓았다. 그 결과는 아직 분명하지 않다. 새로운 EFC 지도자들은 감당해야할 책임이 막중해서 이미 매우 바쁜 사람들로 구성되어 있었다. 그들은 과거의 피로와 정신적 긴장, 엄중한 경계심, 쓰라린 기억을 지닌 채 단결해 나가야 했고 교회에 실제적으로 도움이 되는 방법을 찾아야 했다. 그저 재정을 지원하는 또 하나의 기관이나 참석해야 하는 모임으로 끝나는 것은 지양해야 했다.

EFC가 강하고 존중받는 기관으로서 할 수 있는 역할은 프놈펜 정부에 합법적으로 등록을 하려고 하는 많은 시골 교회의 어려운 입장을 대변하는 것이었다. 그들은 진퇴양난의 상황에 있었다. 당국이 부패하고 적대적이어서 허락을 해주는 대신에 터무니없는 비용을 요구했기 때문에 필요한 서류를 받지 못하여 불법 집회를 하고 있었다. 물론 현실적으로는 관리들이 합당한 이유가 없는 한 미등록 교회를 괴롭히려고 하지는 않았다. 그리고 만일 교회가 등록을 했는데도 괴롭힐 이유가 있다면 그들은 그렇게 할 것이었다. 이 시골 교회 신자들은 도시에 있는 교회들보다 미신적이고 무법한 마을 사람들과 경찰에게서 받는 박해가 훨씬 컸기 때문에 교회 '건물'을 세우려고 너무 서두르지 말고 인내하라는 충고를 들었다. 그냥 집에서 함께 모이라는 것이었다.

그러나 크메르 기독교인들에게 자기들만의 '성전'이 있는 것이 얼마나 중요한지 이해해야 한다. 그곳에서 그들은 자신의 정체감을 찾을 것이었다. 신학적으로 그런 것은 '아무 상관이 없다'고 평가하면서도 그들의 감정은 믿지 않는 이웃이 집 없는 가난한 하나님을 그들이 예배하고 있다고 할 것임을 알고 있었다.[3] 사람들의 발밑에서 (캄보디아 가옥 구조 상), 돼지와 닭과 함께 예배하게 하는 하나님을 존중하지 않을 것이기 때문에 기독교인들은 예배당을 원했다. 그리고 많은 노인 기독교인들은 지난날의 괴로웠던 경험 때문에 정부를 믿지 않았고 자기 교회의 성도 이름이나 세세한 사항을 등록하기를 꺼려했다.

1990년 후반에 캄보디아 교회가 당한 그러한 문제를 어떻게 해결할 것인가 하는 것은 이 책의 범위를 벗어나는 일이고, 1990년 이래로 캄보디아 교회에 어떤 일이 있었는지도 아직은 판단할 때가 아니다. 지금 중요해 보이는 것이 결과적으로는 아닐 수도 있고 현재는 언급할 가치가 없는 것이 후에는 아주 중

---

3) 캄보디아의 전통 가옥은 지주(支柱) 위에 지어져 있기 때문에, 기독교 모임을 집 아래 땅바닥의 열린 공간에서 하면 위에 사는 사람의 발아래에 있게 되는 것이다.

요한 것이 될 수도 있다.

1993년 프놈펜에서 신약이 번역되어 나오기는 했지만, 읽기 쉽고 문화적으로 적합한 현대 크메르어로 새롭게 번역할 필요성이 급하게 대두되었다. 아주 헌신적이고 열심 있는 소크넵아룬(Sokh Nhep Arun)[4]과 크메르 학자이자 사제인 페레폰쇼(Pere Ponchaud)[5]가 이끄는 번역 팀이 미국 성경 협회의 후원을 받아 구약까지 번역을 강행했다. 이 책이 나올 때면 이 새로 번역된 성경전서가 시중에 나오게 될 것이다.

서양에서 1611년에 나온 흠정역 성경(King James Bible)을 유일하게 받아들일 수 있는 번역으로 믿고 있는 것처럼 여기에서도 미국 선교사 아서 해먼드[6]가 흠정역으로부터 번역한 첫 크메르어 성경만이 유일하게 바른 것이라고 주장하는 사람들이 있다. 어떤 사람들은 이 새 번역을 '악마의 성경'이라고 하기도 한다. 어떤 번역 성경이든지 자유롭게 써도 좋은 것을 어떤 사람은 심한 논쟁을 일으키며 캄보디아 성경 협회까지 반대하는 것은 슬픈 일이 아닐 수 없다. 그렇게 하여 정부로 하여금 개신교도들이 두 개의 번역 성경이 아니라 두 개의 성경을 가지고 싸우고 있는 것으로 믿게 하고 있다.

캄보디아인 중에서 10년 전 카오 제 1당 난민 수용소에서 지도자가 되어 미국에서 신학 교육을 받은 사람들도 본국으로 돌

---

4) 크메르 루즈와 캄보디아에서 어렵게 탈출한 아룬은 프랑스에서 신학을 공부해서 캄보디아 교회의 목사가 되었다.
5) 뛰어난 저서 '캄보디아 원년' (펭귄, 1978)의 저자
6) 아서 해먼드는 기독교인과 선교사 연합회에서 일했다.

아왔다. 1992년 시탄은 미국에 있는 초교파 캄보디아 그룹과 중국 후원자의 지원을 받아서 프놈펜 성경 학교를 시작했다. 모이고 있는 집은 중심가에 있기는 했지만 오래되어 비가 새고 있었다. 그러나 시탄은 막중한 책임감을 가지고 쉴 새 없이 일하여 곧 영민하고 열정적인 젊은 기독교인들로 그곳을 채웠다. 그중에는 멀리 있는 성에서부터 온 사람도 있었다.

새로 조직된 중국인 교회도 여기서 첫 예배를 드렸다. 옛날부터 있던 본 교회도 바로 그 근처에 있었지만 무장한 군인들이 차지하고 있으면서 건물의 가치보다 더 많은 돈을 요구했기 때문에 그곳에 들어갈 수 없었다.

이제 성경 학교는 올림픽 시장 근처의 더 나은 곳으로 옮겼다. 선교회와 현지의 복음 공동체로부터 자원과 사람들이 지원되고 있기 때문에 그러한 학교는 전체 교회를 위해서 중요한 연구소 및 훈련 센터가 될 잠재력이 있었다.

캄보디아로 다시 돌아온 20만 명의 디아스포라 중 콩촌이라는 사람과 그 가족이 있었다. 그를 비난하는 말들이 많이 있었지만 촌은 교회 간의 화합과 협력을 위해서 너그럽게 다 참았다. 지난 20년 간 불행을 겪으면서 캄보디아는 '재난이라는 학교'가 되어 그곳 을 나온 두 세 명의 아주 재능 있는 현지 목사[7]가 그의 곁에서 협력했다.

자기 민족을 섬기겠다고 돌아온 여자 기독교인 중에 뛰어난

---

7) 이름을 알리지 않는 것이 좋겠다.

사람이 많았는데 그 중에 캐나다에서 온 솔리나치양이 있었다. 솔리나치는 머리가 좋아서 장래가 촉망되는 여인이었는데 바탐방 집에서 안락하게 살다가 크메르 루즈의 손에 모든 것을 잃었다. 어머니는 1975년 4월 수술을 받고 바로 바탐방에서 강제로 탈출하다가 폭우 속에서 그녀의 팔에 안겨 길가에서 숨을 거두셨다. 솔리나치는 크메르 루즈 치하에서 말할 수 없는 고통을 당하기는 했어도 그 기상은 꺾이지 않았다.

바탐방의 '킬링필드'에서 혼자 태양이 서쪽으로 지는 것을 바라보면서 자기 마음도 그 태양에 붙들어 매어 저 자유로운 지평선으로 끌려가면 좋겠다고 소원했다. 소원대로 솔리니치는 캐나다에서 자유를 얻어 새 삶을 시작하였다. 오타와에 있는 캄보디아 교회 성도들은 그녀를 사랑하며 돌보아 주었다. 무서운 기억이 있음에도 불구하고 솔리니치는 1995년 캄보디아로 돌아와서 극동 방송국과 함께 캄보디아 기독교 라디오 프로그램을 준비하였다. 그러면서 도움을 요청하는 사람들을 방문하고 격려하며 필리핀에서 방송하는 사랑의 목소리를 들을 수 있도록 라디오 수신기 세트를 신자들에게 나누어 주었다.

캄보디아 교회의 자유는 계속 지속될 수 있을지 확실하지 않았지만 이 전략적인 라디오 방송은 복음을 가지고 나라 안 구석구석 외딴 곳까지 수천 명에게 영향을 줄 수 있었다. 매일 방송하기 때문에 언제나 양질의 캄보디아 자료가 필요했다.

캄보디아의 크메르 루즈 전복 20주년을 맞던 1995년 4월 16일도 부활절이었다. 나는 프놈펜 호주 대사관저 뒤에 있는 들판에서 400여명의 성도들과 동틀 무렵 드리는 예배에 설교를 해 달라는 요청을 받았다. 캄보디아 교회의 긴 장정 가운데 획기적인 때에 도달했다는 생각이 들었다. 그러면서도 공포와 공산주의의 통치 시대는 끝나고 종교적 자유를 다시 찾기는 했지만 모든 것을 막 다시 시작하는 것과 같은 느낌이었다.

그 날 밤 나는 일기장에 이렇게 기록했다.

1995년 4월 17일은 캄보디아가 1975년 크메르 루즈에게 무너진지 20주년이 되는 날이다. 캄보디아는 옹까 '조직'에 의해 나라 전체가 죽음의 수용소로 바뀌어 육체적 영적 황무지가 되었다.

이 기념일을 지내면서 가장 의미심장한 것은 캄보디아의 대중에게는 이것이 사건이 아니었다는 것이다. 그 기억을 하는 사람들은 대부분 국외로 갔던 사람들이었다. 실제로 국내 미디어에서는 아무런 언급이 없었다. 캄보디아인들은 외국인들이 20년 전에 일어난 사건에 매달려 있는 것을 보고 의심스러워했다. '그 일은 그저 잊어버리자.'는 것이 일반적인 반응이었다. 사실 그들은 과거를 기억하고 그것을 서류로 남기며 자기 동포들에게 그렇게 험악한 범죄를 저지른 사람들이 공정한 심판을 받는 일을 그다지 좋아하지 않았다.

미국의 재정 지원 하에 예일 대학의 에치슨 박사가 이끄는 팀은 크메르 루즈 리더들이 인류에게 저지른 범죄를 조사하기 위하여 '캄보디아 민족 학살 연구 프로젝트'를 시작했다. 그들은 이미 8,000개 이상의 집단 무덤을 서류화했는데 (전부하면 20,000개 가까이 될 수 있다.) 최소한 150만의 크메르인이 처형되었으며 굶주림과 병으로 죽은 사람이 수십만 명이 될 것으로 추정하고 있다.

어떤 사람은 과거를 기억하지 않고 과거의 실패에서 배우려고 하지 않는 사람은 다시 같은 잘못을 저지르게 되어 있다고 현명한 지적을 하였다. 그리고 1995년 4월 17일에 캄보디아의 사회적, 정치적, 경제적 상황을 보면 1975년 4월의 사건으로부터 캄보디아가 아무 것도 배우지 않았고 아무 것도 변하지 않았다고 단언해도 좋을 정도이다.

정부와 공무원, 경찰과 군인의 부패는 이전 어느 때보다 심하다. 부가 아직도 도시에 편중되어 있고 시골 대중은 계속해서 빈곤의 늪에 빠져 있다. 그들을 구해주겠다는 것은 그저 말뿐이다. 1975년처럼 군인 병원에는 북서부의 전쟁터와 지뢰밭에서 팔다리가 날라 간 젊은 군인들로 넘쳐난다. 이러한 병원들의 상황은 아주 형편없다. 아무도 환자들을 돌보지 않고 월급도 주지 않으며 정부나 군대 대장이나 백성들은 아는 체도 하지 않는다. 그러한 비극을 그저 운명으로 취급하며 무관심하다. 군대의 수뇌들은 언제나처럼 계속 더 부자가 되어간다. '유령 군대'의 월급을 자기 주머니에 넣고, 점점 없어지고 있는 나라 재목을 태국에 밀매하며, 무기를 적군에게 판다. 그들에게 지속되는 내전은 이익을 볼 수 있는 기회이다.

크메르 루즈는 언제나처럼 자기 꼬리를 좇아가는 미친개와도 같이 미쳐 있다. 부패하고 분리되어 있으며 이데올로기가 무너졌으면서도 아직도 늘 하던 대로 종족 주의, 증오, 거짓말, 그리고 자기들을 가장 감격시키는 살인 등의 이야기를 장황하게 늘어놓고 있다. 그들은 양국의 국경을 따라서 예사로 나쁜 짓을 하는 태국 사업가들과 군인들의 이기적 탐욕에 얹혀서 풍요롭게 살고 있다. 그들과 목재와 보석을 사고팔기도 한다. 크메르 루즈는 캄보디아 사회 전반에 존재하는 만연한 부패로 자신을 살찌우고 무슨 특권층이라도 되는 양 거만하게 군다. 캄보디아에 아무런 위협이 되지 않고 오히려 백성들에게 와서 섬기며 친절을 베풀고있는 서양인을 계속 잡아서 죽이고 있다.

북서부 지역에서 침략군에게 도움이 될 만한 것은 모두 태워 버리는 광포한 정책으로 인해 그들이 옹호한다고 하는 바로 그 '인민'이 아직도 피로워하고 있다. 퇴폐한 정부군은 생명과 물자를 그렇게 잃고도 그들을 다스리지 못하고 있다. 캄보디아의 깊은 상처에 대한 정치적 해결과 치유는 언제나처럼 파악하기 어려운 현실이다.

오늘날 캄보디아를 다스리는 것은 법이 아니라 총과 돈이다. 총과 돈이 있는 사람이 법이다. 백성의 삶, 국가의 자산, 자연 자원, 정의, 도덕 등 모든 것에 가격이 있는데 그 값이 달러로 매겨진다. 돈만 있으면 무엇이든지 거의 누구든지 다 살 수 있다. 돈만이 유일하게 자신을 안전하게 지켜줄 수 있는 것이라고 생각하여 사람들은 무슨 수단을 써서든지 돈을 많이 벌려고 한다.

가장 크게 성장하는 산업은 성과 담배와 술인데 최근에는 그것에 도박을 하나 더한다. 선창가에 거대한 카지노 하나가 바다 위에 정박되어 있다. 정부는 돈을 버는 수단으로 도박을 장려한다. 크게 돈을 버는 사람들은 대부분 지방에서 온 중국인들인데 비밀 갱 조직, 마약왕, 돈 세탁과 매춘 등 그러한 분위기에서 번창하는 다른 종류의 나쁜 요소를 모두 함께 가지고 있다.

한편으로 정부는 문화와 도덕적 가치 기준을 잃고 이 모든 일이 일어나고 있는 것을 한탄하며 사람들에게 전통적인 윤리와 바른 품행으로 돌아오라고 요청하고 있다. 에이즈는 언제라도 터질 수 있는 거대한 폭탄과도 같다. 전문가에 의하면 2,000년도 에이즈로 죽은 사람을 4만 명으로 추정하고 있다. 그러나 크메르의 전통적인 그림자극은 계속되고 있다. 진실과 환상을 각기 분리된 두 개의 구획으로 지닐 수 있는 놀라운 능력은 당혹스러운 사회적 재앙이다.

시하누크의 건강에 큰 문제가 있다. (그는 1996년 11월 74세였다.) 그는 아마도 유일하게 남아 있는 캄보디아 사회의 중심이다. 그 중심이 좀 불확실하기는 해 그가 죽으면 그 중심이 사라질 것이고 아마도 제정 군주 체제 자체가 쇠퇴할 것이다. 그렇게 되면 계승 문제로 시끄러워질 것이다.

혼란과 어두움의 한 가운데에서 캄보디아 사람들은 계속해서 새로운 '중심'을 찾고 있는데 부숴진 자기들의 삶을 그 주변에 다시 모으고 싶은 것이다. 그들은 희망과 빛, 역할 모델과 방향을 찾고 있으나 발견하지 못하는 것 같다. 그러니 이 시점에서 그리스도의 몸인 교회가 어두움 가운데 그 빛을 제공하고 부패 가운데 소금이 되었으면 좋겠다. 그리스도와 같은 모범을 보이는 훌륭한 사람이 몇 명 있기는 하지만 이것은 일반적으로는 보기 힘든 일이다.

그래서 나는 그리스도의 이름을 걸고 캄보디아에 살고 있는 우리 모두가 주님을 경외하는 마음으로 깊이 회개할 것을 촉구하며 이 글을 마치려고 한다. 캄보디아의 교회의 빛은 희미하고 그 향기를 잃었다. 분열, 방심, 다툼과 사소한 시기심으로 교회를 더 찢고 있다. 정부에게 웃음거리가 되고 있고 대중들에게 아무 상관없는 존재가 되었다.

캄보디아인들은 여기 기독교인들이 예수의 제자라는 증거를 아직 많이 보지 못했다. 캄보디아에 있는 다른 사회처럼 교회도 과거로부터 배우지를 못했다. 교회가 '헛된 영광'을 좇는 주변 문화에 동화되어 있다. 거만이 겸손을 이기고 있고 실용주의가 경건함을 이기고 있으며 자기 부인대신 자기를 위해서 거대한 건물을 짓고 있다. 이것이 가장 큰 수치이고 무엇보다 큰 비극이다. 울면서 마음을 살펴야할 때이다. 참회하며 믿음을 가지고 주님께로 돌아갈 때이다.

던 코맥, 프놈펜 1995년 4월 17일

이전부터 있던 장기 교회 개척 팀이 캄보디아에서 그 경험을 가지고 팀과 지도자를 보강하며 서로 협력하는 것은 아주 고무적인 일이다. 21세기 말이 되면 캄보디아 말이 유창한 새 세대의 아시아와 서양 선교사가 캄보디아에서 일하게 될 것이다. 언어 습득과 문화를 익히는 일은 길고도 비용이 드는 일이지만 캄보디아와 같은 나라에서 책임 있는 교회 개척과 제자훈련을 하기 위해서 반드시 필요한 일이다.

이러한 선교 기관 중에 미국 기독교 선교사 협회가 있는데 캄보디아에서 복음적인 교회 를 맨 처음 개척했으며 50년간을 이 땅에서 혼자 인내한 기관이다. 그리고 초교파적인 OMF 인터내셔널[8]이 있다. OMF는 땅 치어의 초청으로 1974년부터 기독

---

8) OMF, 전 CIM

교 선교사 협회와 협력하여 일하고 있다.

다른 기관들도 들어와서 일했는데 좋은 경우도 있었지만 나쁘고 추한 모습도 많이 있었다. 상황은 1970년 이전의 좋았던 옛 모습과 같이 단순하지 않다. 예전에는 크메르 복음 교회, 기독교 선교사 협의회 밖에 없었다. 미국인 부부가 1973년 혼자 들어와서 서둘러 마라나다 교회를 개척했다. 그 때 첫 번째 분열이 있었다. 그 교회는 대부분 기존 교회에서 갈라져 나온 목사들이 인도했다.

미국 남침례교회는 오랫동안 캄보디아에 관심을 갖고 있었다. 그래서 태국에서 난민들을 위해서 훌륭하게 사역했다. 이 세 단체가 중심이 되어 이 지역에서 가까이 협력하면서 사역하고 있다.

순수하게 복음을 위해서 열심히 일하던 단체 중에는 태국 국경에서 사역했던 예수 전도단(Youth With a Mission)이 기억에 남는다. 전통적으로는 젊은이들이 해외로 가서 단기 봉사를 하는 기관이었는데 지금은 사회적으로 잘 통합된 그룹과 함께 성숙한 교회 개척 팀을 개발하고 있다.

그리스도 중심의 삶을 회복하여 단순한 삶과 가난한 자 중에서도 가장 가난한 사람을 섬기는 아시아 빈곤층의 종들(Servants of Asia's Poor)의 사역에 누구나 깊이 감동을 받는다. 그들은 믿음으로 뭉친 국제단체로 '인간의 몸'을 입고 '종의 형태를 취하여' 죽기까지 순종하고 있다.

다른 작은 단체 중 캘리포니아에 그 본부가 있는 내적 변화

(Inner Change)는 진지하고 생각이 깊은 젊은이들을 뽑아서 오랜 시간 언어와 문화의 이해가 탁월해질 때까지 훈련을 하고 캄보디아인이 예수 그리스도와 살아있는 관계를 맺을 수 있도록 여러 가지 방법을 찾고 있다. 이와 같은 단체들은 전적으로 도울 가치가 있는 기관이다. 앞으로 캄보디아 기독교인들과 함께 캄보디아에 항상 존재하여 남아 있을 교회를 개척하려고 하기 때문이다.

　나는 요즈음 유행하고 있는 선교지 단기 여행에 대해서 더 고려할 점이 많다고 생각한다. 단기는 비용을 많이 들이지만 지속적인 영향은 주지 못한다. 산만하게 자원을 낭비하는 대신 바르게 세운 계획을 도와주고 그들이 시간을 빼앗고 있는 선교사를 더 지원하는 것이 필요하다. 캄보디아는 그렇게 단기 봉사하는 기독교인에게 인기 있는 휴양지이다. 그들은 주로 영어를 가르치는 프로그램과 연계하여 선교지에 들어오는데 현지어를 모르기 때문에 그 일 외에는 할 수 있는 일이 거의 없다. 오해하지 말기 바란다. 감독을 받고 있고 이루어야 할 프로젝트가 있다면 단기 사역자들도 좋다. 오래된 기관 가운데는 장기적인 안목을 가지고 세계 선교를 위해 헌신할 사람으로 후보자를 잘 선정한다. 그들에게 떠나 있는 시간은 영적으로 풍성해지며 넓어지며 보람 있는 기간이 될 수 있다. 그러나 그것은 언제나 예비 단계이며 그들이 시간을 보내고 있는 교회보다는 그 개인의 유익을 위해서 하는 것으로 보인다. 단기 여행은 장기를 위한 준비나 계획의 대용물이 아니며 양육이나 추수의 대용물은 더욱 아니다. 끊임없이 드나드는 탐색자이거나, 넘어져 다친 희생자의 맥박이나 재기 위해 계속 멈추는 사람이어서는 선교지에 그리 유익할 것 같지 않다.

불행하게도 많은 크메르인은 기독교를 전적으로 영어 학습과 연상하여 생각하게 되었다. 오늘날 캄보디아 사람을 길에서 만나 당신이 교회에서 일하고 있는 기독교인이라고 소개하면, 그가 첫 번째로 묻는 질문은 '가서 영어 배울 수 있어요?'일 것이다. 한 단체는 아예 자기 차의 십자가에 '영어'라고 써 놓았다. 캄보디아 기독교인은 그저 자기 이익만 추구하는 서양의 꼭두각시라는 고정관념이 널리 퍼져있는데 그것을 깨뜨리는데 이런 것이 도움이 되겠는가? 캄보디아인에게나 이 나라 기독교인에게 영어가 중요할 수 있다. 그러나 언어 학습은 언어 학교에서나 하지 교회에서는 하지 않는 것이 좋을 것이다. 캄보디아 교회는 역사적으로 이러한 탈선에 감각이 무디어 있다.

캄보디아에서 지역 개발을 돕는 기관들에 대해서 많이 언급하지 않았는데 아주 훌륭한 기관들이 많이 있다. 그런데 그것이 지역 교회나 그 지도자들에게 올가미가 될 위험이 있음을 캄보디아 교회 역사에서 배운다. 기독교 계통의 인본적인 기관에서 캄보디아 기독교인을 고용하게 되면 현지 기준으로는 돈을 많이 받기 때문에 직간접적으로 자기의 유익을 추구하는 타협적인 사람이 될 위험성도 감수해야 한다. 매력을 끄는 월급 때문에 기독교 개발 기관이 하나님의 말씀에 수종드는 '사도'들을 '식탁에서 시중드는' 사람으로 전락시킬 수 있다. 이것은 아주 민감한 문제여서 주의 깊게 고려해봐야 한다.

그리고 틀림없이 기독교 이름으로 운영하는 개발 기관에서는 불경건한 사람들이나 기독교인은 아니지만 인간적으로 아주 좋은 사람을 고용하고 싶은 압력을 받을 때에라도 끝까지 기독교인으로서의 정체성을 유지하는 것을 중요한 우선순위로 놓아야 한다. 이것은 캄보디아의 젊은 기독교인들에게 아주 혼돈을 줄 수 있는 가능성이 있는 문제이다. 그들은 이러한 기관의 직원들에게서 역할 모델을 기대하기 때문이다.

마지막으로 서양의 의약이 치료하는 것은 그들의 몸뿐이라는 것을 언제나 기억해야 할 것이다. 그것은 늘 따라다니는 고난의 문제에 해답이 되지 못한다. 캄보디아인들은 모든 것, 특히 건강과 초자연적인 것을 하나로 묶어 연결해서 생각한다. 자기 나라 치료자들은 그 대답을 주고 있는데 우리는 어떠한가?

한편으로는 믿음과 하나님의 말씀에 대한 지식이 성숙해지고 다른 한 편으로는 다양한 배경의 선교사들이 더욱 서로 연합해서 기도해야만 캄보디아 교회가 하나가 될 것이다. 우리를 하나로 묶어준 신앙은 우리 사이를 갈라놓는 다른 점보다 훨씬 중요하다. 우리가 그것을 깨닫고 기꺼이 함께 일하려고 하는 자세를 보일 때 그것이 현지 교회에 우리가 줄 수 있는 가장 큰 선물이 될 것이다.

캄보디아는 시시한 일로 싸우는 지도자들 때문에 이미 너무 많은 고통을 받았다. 만일 우리가 그리스도의 이름으로 가면서 당파심을 가지고 있다면 구제불능의 위선자가 될 것이다. 상황은 불안정하다. 시간도 없다. 캄보디아는 세계의 쓰레기장이 되었다. 좋지 않은 상품, 금지된 화학 비료, 시효 지난 의약품 등 제 3세계에 3류 물건을 모두 가져다 부었다. 그리스도인들로서 우리는 시험해 보고 시도해 본 중에서 가장 좋은 것을 보내자. 캄보디아 땅을 위해서 기꺼이 땅에 떨어져 죽으려는 사람을 보내자. '아버지께서 나를 보내신 것 같이 나도 너희를 보내노라.'고 말씀하신 그분을 위해서……

1994년 11월, 한 미국 치유자가 프놈펜에 있는 올림픽 경기장에서 전도 대회를 열었다. 며칠씩 전국적으로 선전을 하여 대대적인 모임이 되었다. 수천 명의 시골 크메르인들이 병자와 죽어가는 장애인들을 데리고 도시로 몰려들었다. 미국에서 오는 이 능력 있는 기독교 무당이 자기 마음의 소원을 들어줄 것이라고 믿으면서 땅과 가축까지 판 사람도 있었다.

경기장에서 흥분한 사람들이 환자들을 데리고 떼를 지어 치유자가 있는 강단으로 나오면서 대단한 폭동이 일어났다. 그는 살기 위해 도망쳤고 캄보디아 군인들은 고소해 하며 급히 그를 비밀리에 나라 밖으로 사라지도록 조치하였다. 화가 난 사람들은 이 사람과 관련된 것을 전부 부쉈다. 그들은 그룹으로 나누어 거리를 다니며 '기독교인은 거짓말쟁이다!'고 외쳤고 가까이 있는 교회에 돌을 던지고 그 안에 있는 것들을 파괴했다.

캄보디아 기독교인들에게 아주 수치스러운 날이었다. 그들은 교회에 대한 적개심이 얼마나 가까이에 있는지를 배웠고, 많은 비용을 들여서 외부에서 오는 것이 모두 다 도움이 되거나 적합한 것은 아니라는 것도 배웠다. 교회가 이 비극에서 회복되기 위해서는 오랜 시간이 걸릴 것이었다.

캄보디아 교회는 성령의 인도 아래서 자신의 문화적 정체성과 부르심을 발견해야 한다. 어떻게 크메르 백성을 도와 그 비전을 깨닫게 할 수 있을까? 무엇보다도 교회는 그리스도의 십자가의 의미를 이해해야 한다. 목소리가 크고 승리에 도취하여 의기양양한 기독교, 거리에서 기독교인의 삶에 따르는 축복과 유익을 나팔 불듯이 선전하는 기독교, 하나님을 선하고 성공하게 하는 분으로 보이게 하려고 필사적으로 애쓰는 기독교는 틀림없이 앞으로 나아갈 길이 아니다. 하나님, 캄보디아를 용서하시고 살 수 있도록 지혜를 주소서.

우리는 이것이 아직 40살 정도 밖에 되지 않은 '어린 교회'임을 기억해야 할 것이다. 그저 방금 '네로'의 박해를 지나왔을 뿐이다. 더 많은 어려움이 있을 것이다. 과거가 미래의 실마리를 제공하는 것이다. 첫 세대의 지도자들은 죽었다. 포스트모던 세계의 물질주의, 세속주의, 폭력과 호색 앞에서 교회는 단호히 예수 그리스도를 모퉁잇돌로 하는 사도와 선지자의 기반 위에서 견고한 성경 신학적 토대를 다져가야 한다. 이것이 진정한 영적 일치와 그로 인해 힘 있는 교회가 되는 유일한 길이다.

서양에서 초대 교회가 있던 로마 시대처럼 그리고 참으로 많이 현대화된 오늘 날의 서양 문명 세계처럼 캄보디아가 살고 있던 세계는 부서졌고 지나갔다. 중심을 잃고 그 자체가 무너져 내리고 있으며 표류하고 있다. 자원을 팔고 미래를 저당 잡아

좀 더 시간을 벌 것이고, 물질주의와 낭비벽의 아편으로 그 고통에 무감각해질 것이다. 자기가 사는 지역에 더 강력하게 훈련된 사람이 나오면 또 그에게 지배를 받을 것이다. 옛날의 불교와 극단적인 크메르 민족주의의 이름으로 그 혼란으로부터 지도자들이 나와 영광스럽던 이전 앙코르의 뿌리로 돌아가자고 부추길 것이다. 이 사람들은 교회를 핍박할 것인데 서양의 타락에 물들게 되면 더욱 그 반대가 심할 것이다. 그러나 캄보디아 교회는 몰려드는 어두움 속에서 빛이 될 것이고 만연한 부패 속에서 소금이 될 것이다. 교회는 크메르인에게 모조품이 아니라 진정한 크메르의 전통을 돌려주도록 부르심을 받았다. 교회는 모든 종족과 방언과 나라에서 나오는 모든 하나님의 백성들과 함께 영원한 영광 속에서 그들 앞에서 어떤 모습으로 나타나야 할지를 보여주어야 한다.

이것이 내 인상에 비친 캄보디아 교회의 초상화이다. 나는 내 눈과 귀와 마음이 관찰했던 것을 캄보디아적인 특징과 경향의 관점에서 그리려고 했다. 다른 사람들이 그 명암을 더 세련되게 다듬어야 한다. 초점과 관점의 선을 더 예리하게 하고, 옅게 칠한 부분에 색조를 더하며, 부분적으로 상세하게 더 스케치해야 한다. 초상화에 넓은 캄보디아 논의 풍경을 머리 위 광대한 하늘의 돔을 향하여 더 그려 넣어야 한다. 그 안에 지상의 계절을 통하여 일어나는 하늘의 씨앗, 주님의 씨앗을 심는 모습이 들어 있어야 한다.

그들은 내가 심은 가지요
내가 손으로 만든 것으로서
나의 영광을 나타낼 것이라.

(이사야 60:21b)

부록

이것은 프놈펜 그리스도 우리의 평화 교회에서 던 코맥 목사가 1995년 8월 20
일, 대일 전승 기념일에 했던 연설을 편집한 것이다. 후에 이것이 캄보디아 일간
신문에 인쇄되어 나왔다. 그는 캄보디아의 평화를 위한 호소로 연설을 마무리 하
고 있다.

　반세기 전 1945년 8월 15일, 광대한 아시아 대륙을 울렸던 총
성이 조용해졌습니다. 인류 역사상 가장 잔인하고 파괴적인 전
쟁, 그 공포의 6년 간 전 세계에서 수천 만 명의 인류 목숨을 앗
아간 그 전쟁이 끝이 났습니다.

　그런데 결정적으로 그 종말을 맞았던 방법은 그 전쟁의 과정
보다 더 광포했습니다. 일본에 두 번 원자폭탄을 떨어뜨리고 나
서야 무조건적으로 항복한다는 일본 천황의 칙칙한 목소리를
딱딱거리는 전파를 통해 들을 수 있었습니다. 그래서 아시아인
들은 마침내 평화의 기쁨을 누릴 수 있게 되었습니다. 유럽 동
맹국은 그보다 3달 전 독일의 항복으로 이미 그 평화를 누리고
있었습니다.

　그것은 모두 50년 전의 일이지만 오늘 우리는 이러한 사건을
엄숙한 마음으로 되돌아보고 있습니다. 현대 과학 기술을 지닌
인간의 특징인 거만한 자신감도 아니고 우리 뼛속깊이 아직도

불타고 있는 분노가 아니라 겸손과 용서, 화해와 평화의 마음으로 더 나은 미래를 향해 나아가고자 하는 것입니다.

한 지혜로운 사람이 이전에 이런 말을 한 적이 있습니다. '과거의 잘못을 기억하려고 하지 않는 사람은 다시 그것을 되풀이하게 되어 있다.' '그냥 모두 잊고 미래에 잘해 보자'는 말은 힘이 되지 못합니다. 이것은 시원스러운 말이기는 하지만 환상입니다. 왜냐하면 우리는 과거를 잊을 수 없기 때문입니다. 잊어서도 안 됩니다. 우리는 회상하여 기억하고 있는 것에서 배우고 성장해야 합니다.

상처를 깨끗이 해야 고칠 수 있습니다. 이전 상처에 그저 진통제나 바르면 계속해서 곪아 터집니다. 이것이 캄보디아의 딜레마였지 않습니까? 반드시 심각하게 과거를 다뤄야 합니다. 캄보디아는 과거에 대하여 철저하고 정직하게, 공정하고 비타협적으로 다루어 그것에서부터 카타르시스를 경험해야 하는데 아직 그러지 못했습니다.

그래서 국가적으로 과거의 잘못을 되풀이하고 2차 세계 대전이 끝나고 50년이 지났는데도 지금처럼 자멸의 길을 계속 가고 있는 것입니다.

우리의 과거를 다루고 참된 카타르시스를 경험할 수 있는 가장 안전한 장소는 창조주이며 구속주이신 하나님 면전입니다. 그분 앞에 우리는 모두 평등하며 궁극적으로 그분 앞에서 우리 각자는 결산을 할 것입니다. 그분 앞에서 모든 공상과 왜곡과 어두움은 물러갈 것입니다.

옛 이스라엘 사람들에게는 50년마다 희년 제도가 있었습니다. 50년마다 그 사이에 어떤 일이 발생했다고 하더라도 모든 것을 이전대로 돌려놓습니다. 모든 불의, 이웃과의 매매로 달라진 것들이 원래 하나님께서 만드신 완전한 청사진대로 돌아갑니다. 그때는 모든 사람이 단순하게 다시 시작합니다. 이전보다 조금 더 현명하게 할 것을 희망하면서… 1995년 8월이 그러한 아시아의 희년이 되기를 기도드립니다. 다시 시작하고, 다시 세우고, 이전 빚을 용서하고 모든 노예를 풀어주며, 모든 죄수를 자유롭게 풀어주어, 기억하는데서 얻어지는 자신감과 지혜로 무장하고 앞으로 나갈 수 있기를 기도드립니다.

언젠가 예수 그리스도께서 갈릴리 호수가 바라다 보이는 산꼭대기에 오르셨을 때 제자들과 수많은 군중들이 그를 에워싸고 있었지요. 그분은 아주 혁신적인 새로운 공동체를 만들도록 우리를 초대하셨습니다. 모든 종족과 방언과 나라로부터 나온 공동체와 팔복으로 요약되는 천국의 가치는 우리의 응석을 받아주고 싸우기를 좋아하는 세상의 가치와 완전히 정반대입니다.

팔복 중 일곱 번째는 지금 여기에서 사는 천국 백성의 표준적인 복된 삶을 이렇게 묘사합니다. '화평케 하는 자는 복이 있나니 저들이 하나님의 아들이라 일컬음을 받을 것임이요.' 생각해보면 우리는 모두 이 세상에서 평화를 위해서 비싼 대가를 치르던 UNTAC 군인들을 질리도록 보았을 것입니다. 그들은 월급을 지나치게 많이 받았고 규율이 잡혀 있지 않아 프놈펜의 술집과 사창가에서 북적거렸습니다. 이들은 예수께서 '화평케 하는 자'라고 말씀하실 때 생각하셨던 모습이 아닙니다. 그분이 말씀하시던 화평케 하는 자는 세상의 구주이신 예수 그리스도를 믿는 믿음을 통해서 하나님과 이웃과 평화를 유지하고 있는 사람입니다.

하나님은 분명히 진짜 '샬롬'의 유일하게 안전한 근거는 완전한 화해에 있다고 말씀합니다. 그저 긴장 완화나 평화로운 공존 상태, 억제 또는 공허한 정치 구호가 아니고 이전 대적과의 사이에 아무런 적의가 없는 상태를 말합니다. 왕에게 속한 사람을 전부 동원하고 왕이 가진 군사력을 전부 동원한다고 해도 캄보디아의 찢긴 상처를 다시 붙여 놓을 수는 없는 것입니다.

오직 다시 사신 평화의 왕, 그 손과 발에 상처가 있으신 그분만이 인간을 하나님과 화목하게 할 수 있으며, 이웃과 주변 환경과 화해하게 하실 수 있습니다. 이것이 복음의 진수입니다. 그것은 아주 값비싼 것입니다. 저 위에 있는 십자가를 보십시오. 그것은 인류가 발명한 고문과 사형 기구 중 가장 잔인한 것입니다. 그런데 그것이 왜 이 예배의 장소에 있습니까? 오히려 뚜올슬렝[1] 같은 곳에 있어야 더 적당한 것 아닙니까? 아닙니다. 그것은 여기 우리 눈앞에, 우리 교회 안에 속해 있어서 평화가 얼마나 값진 것인지를 생각나게 하기 위해서 있습니다. 왜냐하면 평화는 자기를 부인하고 스스로를 희생해서 얻어지는 것이

---

1) 뚜올슬렝은 프놈펜에 있는 크메르 루즈의 악명 높은 죽음의 수용소 이름이다. 그곳에서 수 만 명이 살해당했다. 오늘날에는 박물관으로 한 때 그곳에서 사용되었던 잔인한 고문 기구가 여러 점 전시되어 있다.

기 때문입니다.

예수께서는 죽은 자 가운데서 살아나신 후 절망 중에 무서워하며 문을 걸어 잠그고 뒤에 숨어 있는 제자들에게 나타나셨습니다. 그들을 만나서 '너희에게 평강이 있을지어다!'라고 하시며 곧 '손과 옆구리를 보이셨습니다.' 평화는 값비싼 것입니다. 제가 묻고 싶습니다. 캄보디아는, 특히 지도자들은 온전한 평화를 위하여 결정적인 대가를 치를 준비가 되어 있습니까? 이기심 없는 봉사로, 개인적인 청렴함과 투명함으로, 의로움과 정의와 신뢰를 보이겠습니까? 진정한 평화는 다른 방법으로는 오지 않습니다.

오늘날 캄보디아에는 중국과 일본인, 영국인과 독일인 등 50년 전에는 서로 적이었던 나라 사람들이 이 나라의 평화와 개발을 위해 모두 함께 일하고 있습니다. 놀라운 일입니다. 지도자 사이의 복수와 탐욕과 분쟁으로 자기 국민을 한없이 죽이던 아주 특이한 나라에서 말입니다. 캄보디아의 문제의 핵심은 캄보디아인의 마음의 문제입니다. 이것은 보편적인 사실입니다. 오늘날에도 이것을 언급할 필요가 있습니다. 그것을 무시할 수 없습니다. 그렇게 오랫동안 고통과 두려움뿐이었던 나라였기 때문에, 참 평화가 없는 곳에서는 평화를 축하하기가 어렵습니다.

저는 이 대일 전승 기념일(VJ Day)의 연설을 여기 캄보디아에 하나님의 샬롬이 있기를 기원하면서, 평화를 위한 호소로 끝마치려고 합니다. 여러 정치 그룹과 정부 그리고 크메르 지도자들께 간곡히 부탁합니다. 하나님 앞에서 각자의 마음을 살펴서 그 안에 죽음과 파괴 대신에 화해와 평화를 향한 깊은 소원이 있기를 바랍니다. 대적을 기쁘게 하고 오래 고통당했던 백성을 완전한 절망으로 빠지게 했던 부패와 탐욕과 교만을 물리치려는 소원이 있기를 희망합니다. 저는 지난 25년간 대부분의 시간을 캄보디아인과 함께 지냈습니다. 저는 젊은 캄보디아 백성들 가운데 두 세대가 살해당하고 불구가 되고 폭력으로 찢기는 것을 목도했습니다. 이제는 더 이상 그런 일이 없어야 합니다.

모든 총검을 두드려 쟁기로 만들려는 소원이 있기를 바랍니다. 모든 킬링필드와 지뢰밭이 추수밭으로 변화되기를 소원하기 바랍니다. 하나님의 이름으로 옛 크메르 조상들의 이름으로 말씀드립니다. 이제 살인을 멈추십시오. 캄보디아를 더 이상 파괴하지 마십시오. 여러분의 궁극적인 운명인 하나님의 이름으로 서로 화해하십시오. 여러분의 현재 운명인 캄보디아의 이름으로 서로 화해하십시오. 아멘.

던 코맥

300BC 거석(巨石) 시대 (삼롱선)

100AD 인도의 팽창으로 인해 브라만교가 캄보디아의 토착적 정령 숭배
에 섞이게 됨.

200 푸난 시대

550 천라 시대

800 앙코르 왕국 (브라만 제사장들이 왕으로 다스리던 시대)
크메르 황금기의 여명

900 야소르바르만 왕

1000 수리야바르만 1세

1100 수리야바르만 2세 (앙코르왓 건축)

1200 자야바르만 (바욘과 앙코르톰 건축)
불교가 지배 종교가 됨.

1400 앙코르의 몰락과 크메르 왕국의 붕괴
1431년 태국이 앙코르를 약탈함.

1500–1900 궁중의 음모, 태국과 베트남의 지배로 크메르 왕국의 분열,
쇠퇴기.

1500 새로운 수도가 앙찬에 세워짐.

1555 포르투갈의 도미니크 수도사에 의해 천주교가 처음으로 소개
됨.

1568 개종하여 세례 받았던 전 불교 승려, 첫 기독교 순교자가 됨.

17세기 캄보디아에 프랑스 천주교 신부들이 교회를 세움.

1643 화란 장로교인들이 동인도 회사의 지점을 세우려다가 프놈펜에서 대량 학살당함.

1700-1800 베트남의 침입과 점령

1724 사타 2세 왕이 천주교인이 되었으나 말썽을 피하기 위해 죽기 전까지 세례를 미룸.

19세기 태국과 베트남이 함께 캄보디아를 삼키려고 위협함.

프랑스 천주교 신부 마리 조세프 게스온이 복음서를 캄보디아 말로 부분적으로 번역해서 기도서로 사용함.

1863 노로돔 왕이 태국이나 베트남과 합병되는 것을 피하기 위해 캄보디아를 프랑스의 보호 아래에 둠.

전국적으로 천주교 선교사들에게 완전한 자유가 주어짐.

1921 기독교와 선교사 협회 (Christian and Missionary Alliance) 선교사들이 이웃 베트남 남부의 크메르 끄라옴에 개종자가 나오는 것을 보게 됨. 그들은 성경 중 누가 복음과 사도행전을 번역하기 시작.

1923-25 미국 기독교 선교사 협의회 (American Christian and Missionary Alliance)에서 데이빗 엘리슨, 아서 해먼드 두 가정이 캄보디아 입국을 허락 받음. 엘리슨은 바탐방에 근거지를 두고 캄보디아 시골의 복음 교회를 위한 목사를 훈련하기 위하여 5명의 학생과 성경학교를 시작했다.

해먼드는 프놈펜에서 크메르어 성경 번역을 시작했다.

남부 베트남에서 많은 크메르 기독교인이 캄보디아 북동부에 있는 바탐방으로 와서 정착했다. 이 크메르 끄라옴 신자들은 캄보디아가 열리기 전에 남부 베트남에서 C&MA 사역의 결과로 믿게 된 사람들이었다.

시소와트 왕의 통치 (1904-1927)

1928-29 모니봉 왕 (1927-40)이 전도를 금지 하는 규정을 공표함.

성경 학교 학생들이 수감됨. 선교사들이 끄라쩨 성에서 강제로 추방됨.

바탐방시에 거리 채플이 생김.

1933 아서 해먼드의 신약 번역 완성

1940 구약 번역 완성되었으나 아직 크메르 성경이 출판되지 못함.

1941 프랑스 비시 정부가 18세 된 시하누크 왕자를 캄보디아 왕으로 옹립.

일본군이 캄보디아를 점령하고 태국으로 하여금 바탐방과 시엠립 북서부를 차지하도록 부추김. 선교사 몇 명이 감옥에 갇힘.

1945 일본군이 패망하고 프랑스가 다시 돌아옴. 태국은 바탐방과 시엠립을 캄보디아에 반환

1945-52 반(反)프랑스 이싸락(자유) 반란. 북서부에서 태국과 베트콩이 밀어줌.

천주교인들 많이 살해당함. 이번에 개신교에서도 첫 순교자가 나옴. (이싸락은 1954년 항복함.)

1949 성경학교를 바탐방에서 프놈펜 남쪽 바싹강의 따크마로 옮김.

1950 사로트사(폴폿), 렝사리, 키우 삼판과 다른 크메르 지식인들이 파리에 있는 프랑스대학에서 프랑스 장학금으로 공부하면서 정치적으로 마르크스 주의 영향을 받음.

1953 캄보디아가 프랑스로부터 독립하여 캄보디아 왕국이 됨. (1970년까지)

크메르 성경이 출판됨. 특별히 제본한 성경을 시하누크에게 선

물함.

1955 시하누크 왕이 정치적 실권을 잡기 위해 아저씨인 노르돔 수라마릿에게 왕위를 양도함.

1960 노로돔 수라마릿 왕의 죽음. 시하누크가 나라의 수장으로 임명됨.

프놈펜에서 사로트사(폴폿)와 렝사리를 포함한 21명이 주도하여 비밀리에 캄보디아 노동당 시작. 그것이 후에 공산당이 됨.

1963 폴폿과 렝사리를 포함한 노동당 리더들이 시하누크의 비밀경찰에게 쫓겨 관목지로 달아남. 키우 삼판과 다른 사람들도 1967년 그 뒤를 따름.

1965 시하누크왕이 반미, 반CIA 운동을 벌여 모든 개신교 미국 선교사는 캄보디아를 떠나야 했음. 40년 간 사역한 크메르 복음 교회는 신자가 1,000명 미만이었음.

1970 친미, 반베트남 우익파와 공조하여 군대 실세이던 론놀이 시하누크왕을 전복시킴.

많은 베트남인들이 대량학살 당하거나 베트남으로 달아남. 국호가 '크메르 공화국'으로 바뀜. 시하누크는 중국으로 망명해서 캄보디아를 해방하려는 크메르 루즈의 수장이 됨. 저은라이 수상과 마오쩌뚱 주석이 그를 도움.

미국 선교회의 선교사들이 돌아와 보니 교회 성도가 300명가량 되었음.

1970–75 베트콩 군대가 크메르 루즈를 지원하며 캄보디아로 들어와 시골의 넓은 지역을 차지하고 마을을 점령했으며 도시를 포위함. 크메르 루즈(캄보디아 공산당)는 시하누크를 수장으로 삼아 세력을 더해감. 론놀 군대는 부패하여 민중의 지지를 얻지 못했음.

캄보디아인들이 구원을 찾아 무리지어 주요 도시로 피난 옴. 평신도를 중심한 운동이 일어나 가정 교회가 도시 전역에서 배가되고 성의 중심에서도 교회가 괄목할만한 성장을 보임.

1973 사람들로 붐비던 프놈펜에서 대형 전도 집회가 열리고 교회가 성장하며 수천 명의 '결신자'가 생김. 학생들과 지식인 사이에 기독교가 퍼짐. 급격히 늘어나고 있는 피난민을 대상으로 수많은 기독교 기관이 구호 사역을 펼침.

땅치어가 영국으로 유학을 떠났다가 프놈펜으로 돌아옴. 캄보디아를 위해서 기도해 달라고 요청하고 선교사를 보내달라고 함. SIL(Summer Institute of Linguistics)이 캄보디아의 몇몇 부족민 언어를 연구하기 시작. 성경 번역을 새로 시작. 크메르 루즈는 베트콩 군대의 도움이 없어도 론놀 군대와 충분히 싸울 힘이 생김. 8월 미군이 주둔하여 캄보디아에 폭탄을 떨어뜨리기 시작.

1974 OMF가 선교사 5명을 파송하여 (땅 치어의 긴급한 요청) 크메르 복음 교회와 협력 사역하도록 함.

1975 프놈펜이 크메르 루즈 군대에게 포위되어 비행로 외에는 완전히 고립됨.

미국인이 완전히 캄보디아를 떠났던 4월까지 미국은 비행기를 세내어 물자를 공급했다.

선교사들은 '내키지 않는 탈출'을 했다. 캄보디아 기독교인 총수는 1만 명 정도였다.

4월 17일 크메르 루즈가 승리자로서 프놈펜에 행진해 들어와 즉시로 모든 사람을 시골로 쫓아냈다. 나라 전역에서 이러한 일이 반복되었다. 국가의 지도자들과 교육을 받은 학식 계층을 즉시로 전부 대량 학살. 교회 지도자들과 목사들도 곧 순교 당함.

시하누크공은 새 정권의 명목상 수장으로 프놈펜에 돌아왔으나 몇 달 후 왕궁에 갇힘.

1975-79 시골은 거대한 강제 노동 수용소로 변하여 '최고 의회'인 옹까러가 다스림.

캄보디아의 국명이 '민주 깜뿌치아'로 바뀜

7백만 캄보디아 국민 중 최소한 2백만 명이 살해당함. 거의 모든 기독교 지도자들과 신자의 90%도 같이 살해당하거나 굶주림과 병으로 죽음. 수만 명이 이웃 태국이나 캄보디아의 난민 수용소로 피난함.

'반동 종교'로 금지하는 헌법이 1976년 1월 통과됨.

시하누크가 1976년 4월 사임함. 백성들의 집단행동 일어남. 베트콩의 영향을 두려워하여 크메르 루즈는 범국가적으로 모든 종교의 내부 숙청을 시작.

1977 크메르 루즈가 앙코르 시대의 영광과 영토를 회복한다는 명목으로 태국과 베트남을 습격.

1979 대부분 1977~78년 폴폿의 내부 숙청 때 베트남으로 달아났던 동부 지역 크메르 루즈 간부들이 '조국 해방을 위한 크메르 전선' 만듦. 그들이 베트콩 군의 지도 아래 캄보디아를 휩쓸어 몇 주 안에 크메르 루즈를 쫓아냄. 수십만 명의 절망적이고 죽어가는 다른 크메르인과 함께 크메르 루즈도 피난처를 찾아 태국 국경으로 달아났다. 프놈펜의 새 지도자는 헹삼린, 치아심, 그리고 훈센이었다. 시하누크는 크메르 루즈 지도자들과 함께 베이징으로 달아나 중국인의 지원을 받았다. 캄보디아는 이제 '캄보디아 인민 공화국'이 되었다.

1979~90 캄보디아 난민 수십만 명이 수용소를 향해 태국으로 피난함. 크메르 루즈가 태국과 중국의 도움으로 세력을 길러 다시 프놈펜에서 베트남 괴뢰군과 게릴라전을 함.

캄보디아인 약 20만 명이 전 세계로 흩어져 (60%가 미국으로 감) 디아스포라로서 해외에 정착함. 나머지 인구 대부분은 1993년 본국으로 송환되기까지 여러 '해방군'의 지배를 받으며 국경 근처에 남아 있게 됨.

태국의 카오 제 1당 수용소에 수천 명의 성도가 있는 거대한 교회가 생겨남. 기독교 구호 및 개발 단체, 그리고 선교사 몇 명이 이러한 수용소에서 사역함.

1980년까지 대중적인 '베이비 붐'이 캄보디아에 일어남.

캄보디아에서 새롭게 소련 베트남이 지원하는 공산 정권이 세계적 경제 제재로 고투함. 그리고 태국에 근거를 둔 '해방군'과 북서부에 새로운 내전이 일어남.

캄보디아 교회는 1,000명 미만이 되어 감시를 받으면서 지하에서 살아남음. 남은 지도자는 태국 국경으로 피함. 몇 개의 기독교 구호 기관이 캄보디아에서 사역할 수 있도록 허가 받았으나 밀착 감시를 받음. 캄보디아 성경 일부와 다른 기독교 서적의 유입은 허가되었으나 전도는 금지함.

1989 유럽에서 공산주의가 몰락하고 국제적으로 심한 압력을 받자 베트남 점령군이 캄보디아를 떠남.

훈센 총리가 다스리던 프놈펜 정부는 나라 이름을 캄보디아 국(The State of Cambodia)으로 바꿈. 불교를 다시 국가의 종교로 함.

1990 정부가 15년 간 압박 받던 기독교를 다시 공식적으로 인정함. 개

신교든 천주교든 이전에 있던 교회 건물은 전부 속된 용도로 사용되거나 부서졌고 아니면 접수해서 다른 목적으로 쓰고 있었음.

기독교 구호 개발 기관들과 다양한 교단과 선교 단체의 선교사들이 캄보디아에 들어오기 시작함. 이단도 합세함.

10월에 태국과 프놈펜 정부에 기반을 둔 3개의 자유당 파벌이 시하누크를 수장으로 하는 임시 국가 최고 회의를 결성하자고 파리 평화 협정에서 서명함. 캄보디아는 임시로 유엔 당국(United Nations Transitional Authority in Cambodia)의 위탁 통치를 받게 됨. 22,000명의 국제 평화군이 피난민을 본국으로 송환시키고 선거할 수 있는 환경을 만들기 위해서 캄보디아에 들어옴. 4개당을 무장해제 시키려고 함.

캄보디아 디아스포라들이 동족을 돌보려는 목적으로 대거 입국하기 시작. 그들 중에 기독교인도 많이 있었는데 C & MA와 OMF와 다른 선교 단체에서도 선교사를 파송해서 캄보디아에 살면서 다시 언어를 배우게 하고 있음.

1992 크메르 루즈는 무장해제를 거절하고 UNTAC이 자기네 영역으로 들어오지도 못하게 함. 실제로 평화의 과정에서 빠짐.

그들은 UN 평화군과 약한 시골 공동체, 그리고 베트남 소수민을 잔인하게 공격하기 시작.

프놈펜 성경 학교가 30명의 전일제 학생으로 시작됨. 연합 성경 협회의 후원을 받아 번역자들이 팀이 되어 성경을 현대어로 새로 번역 시작.

1993 30만 명 이상이 태국에서 송환됨. 캄보디아인들은 5월 선거에

서 크메르 루즈의 위협이 있었음에도 불구하고 열렬하게 국민당을 지지하는 투표를 하였다. 누가 승리했는지 분명하지는 않았지만 중심되는 4개 당 중에서 시하누크의 아들이고 계승자인 라나리드 왕자가 이끄는 당이 대부분의 의석을 차지하였다. 훈센이 이끌던 캄보디아 국민당은 14년 간 프놈펜에서 현직을 차지해온 당이었지만 제 2당이 되었다. 그 승리가 속임수라고 생각한 그들은 나라를 둘로 나누는 분리 운동을 시작하였다. 마침내 연립 내각 정부가 설립되고 라나리드와 훈센이 공동으로 총리가 되었다.

크메르 루즈는 태국 국경에 있는 자기들의 근거지에서 정부와 전쟁을 계속하였다. 태국 사업가들과 군대에게 목재를 팔고 보석 광산 채굴권으로 돈을 벌어 재정이 넉넉했다. 9월에 70세 된 시하누크가 다시 왕이 되고 그의 아내 모니크는 여왕이 되었다. '왕은 군림하지만 지배하지는 않는다.' 국회는 종교의 자유를 새로운 헌법으로 보장했다. 국호는 다시 캄보디아 왕국이 되었다. 10월 캄보디아 성경 중 신약 부분이 프놈펜에서 발간되어 기독교 예배 중에 종교 장관이 참석한 가운데 배포되었다. 캄보디아 성경 협회가 크메르인을 지도자로 하여 설립되었다.

영국 감독교회가 처음으로 프놈펜에 들어옴.

1994   개신교회 성도는 전국적으로 5,000명으로 성장함. 교회에 심각한 분열이 있고 자립하지 못함. 신학적 훈련과 숙련된 지도자가 부족함.

정부는 우익의 일격으로 흔들림. 건기에 무능한 군의 고위층이 크메르 루즈를 고립시키려고 공격했으나 실패함. 병원은 사지가 절단되고 상처 입은 군인들로 가득 참. 시하누크 왕의 건강이 악화됨. 그는 베이징에서 지내며 암 치료를 받음.

1995   만연한 부패와 정당 전체의 내부 분열, 협박받는 국회와 사법부로 인해 정부가 캄보디아 거의 전체를 다스리는 국민당 지도자 훈센 치하에서 아주 불안정해짐.

나라의 자원을 외국 회사, 대부분 중국에 파는 것으로 인해서 남은 우림(雨林)과 환경이 일반적으로 급속히 계속 황폐해짐. 그 생활 터전을 시골에 두고 있는 대다수 크메르인은 대부분 홍수와 가뭄으로 힘든 상황.

정부의 부패를 조사하던 크메르 기자가 살해당하고 감옥에 갇히고 일자리를 잃음. 캄보디아는 ASEAN에서 옵서버 자격을 얻음.(베트남은 정회원)

미국이 대량학살 조사 프로젝트의 재정을 지원하여 크메르 루즈의 전쟁 범죄를 조사. 전국적으로 대량 학살 무덤이 수천 개 새로 발견됨.

캄보디아에 수백만 개의 지뢰가 묻혀 있어서 날마다 죽거나 장애를 입음. 사지 절단된 장애인이 전국적으로 5만 명가량 있음. 에이즈 감염이 놀라운 비율로 증가하고 있음. 특히 군대와 경찰이 심함.

크메르 루즈가 국외 이주자를 많이 잡아가고 죽임.

1996   연립 정부가 붕괴되기 시작. 태국과 목재와 보석 무역으로 돈을 벌고 있는 크메르 루즈가 심각하게 분열되고 타락하고 있음.

개신교회가 계속 성장하고 분열을 치유하기 위해 진지하게 애쓰고 있음.

캄보디아 복음 우호 협회 결성.

캄보디아 인구의 60% 정도가 21세 이하.

1997 크메르 루즈가 자멸의 진통을 겪고 있음. 빠일린, 말레이시아에 근거를 두고 있는 크메르 루즈 지도자였던 렝사리가 크메르 루즈와 단절하고 시하누크 왕의 사면을 받음. 안롱벵에 남아 있던 크메르 루즈 지도자가 프놈펜 정부와 협상하라는 압력을 받음. 6월 이러한 일로 인해 격렬한 내전이 야기되었고 손센과 그의 아내 윤얏의 처형을 포함한 처형들이 보고됨. 이제 세계는 폴 폿이 언제 체포되어 인간성을 말살한 범죄에 대한 재판을 받을 지를 기다림. 7월 두 번 째 총리이고 군대 실세인 훈센은 자기의 라이벌인 왕자 총리 라나리드가 크메르 루즈 대장과 군대를 FUNCINPEC당과 통합시켜 왕의 사면으로 완전하게 해 놓자, 그것을 나머지 세력을 뒤엎을 수 있는 위험으로 보고 군사 구테타를 계획, 라나리드를 내쫓고 사실상 자기가 CPP와 캄보디아를 다스리던 1989년으로 시계를 돌려놓았다.

리빙필드 이야기

(Nov. 26, 2010)

　톤레삽 호수는 캄보디아에 관광 오는 사람은 대개 들르는 곳
이다. 그곳으로 가는 길 가에 가난한 주민을 전인적으로 돕는
한국 단체가 있다. 3,4년 전 처음 시작할 당시에는 솥 하나, 화
덕 하나를 놓고 하루 한 끼씩 식사를 제공하는 작은 규모였지만
지금은 급식을 위한 식당을 비롯하여 빵 공장, 클리닉, 학교, 체
육관, 유치원, 주거 리모델링, 장애인 교회 등, 다양한 사역으
로 크게 발전하였다.

　2008년 외환 위기가 있었을 때 후훤은 줄었는데 오히려 돌
보는 아이들이 늘어났던 어려운 때가 있었다. 그러나 그 다일
공동체 김학용 원장은 하루라도 줄 수 있는 것에 감사하며 할

수 있는 다른 것을 찾아 하려고 했다. 주셨는데 안 하면 죄이지만 하나님이 주시는 만큼 심부름만 하면 된다고 생각했다. 할 일 없으면 눈 마주치고 손이라도 잡고 있자. 지금 할 수 있는 것이 설거지나 청소뿐이라면 바로 그 일부터 기쁘게 섬기자. 오늘 주어진 이 순간 최선을 다해 섬기는 것이 봉사자의 기본이라고 생각했다.

그들은 현지에 무엇이 필요한지, 어떻게 해야 하나님을 기쁘시게 하고, 이웃을 행복하게 하며, 세상을 아름답게 할지를 고

톤레삽 호수 마을

주변 환경

매일 600여 명에게 급식을 한다.

20세인 중국 청년 리리는 자신이 받은 은혜를 보답하고 싶다며 캄보디아에 와서
캄보디아 청년들에게 제빵 기술을 가르치는 봉사를 하고 있다

민하며 겸손히 (이곳에서는 배식을 할 때 무릎을 꿇고 한다.) 섬
겼다. 수 백 명이 질서 정연하게 앉아서 자기 차례를 기다리고
있었다. 이들에게 주는 것은 한 끼의 식사 이상이었다. 축제의
분위기가 있었다. 배식의 자리에 서 있는 봉사자를 보고 나도
저런 자리에서 저렇게 나누어 주는 사람이 되고 싶다는 소원이
생긴다. 말로 가르치는 것이 아니라 보여주는 교육이었고 자연
스러운 인격의 변화로 이끄는 현장이었다. 한국의 봉사자들이
없을 때는 자기들이 스스로 배식하고 설거지를 한다.

그것은 일이 아니라 기쁨이었다. 10년~ 20년 후 이 섬김을
보고 자란 아이들이 놀랍게 성장해서 자기 조국을 감당할 인재
들이 되는 꿈을 꾸고 있었다. 벽에 달려 있는 커다란 거울에는

한 없이 낮은 자화상을 가지고 있는 아이들에게 자신들에게 아름답게 심어주신 하나님의 형상을 보여 주려는 소원이 담겨 있었다.

관광객에게 $1씩 받고 봉사의 기회를 제공했을 때 지원자가 몰려 뜻밖에도 관광 회사는 대박을 터뜨렸다. 은행, 기업 등은 직원 연수를 하며 사역을 지원하였다. 봉사자는 지원자가 밀려서 50대 이상의 높은 경쟁률을 제쳐야 선택이 되기 때문에 다음 해 필요한 인원까지 예비 되어 있다고 하였다.

혜택 받지 못한 곳의 사람들을 위해서 봉사하고 싶다는 열기가 우리나라에 그렇게 뜨겁다는 것이 감사했다. 몇 사람만이 아니고 사회의 분위기가 그렇게 자리 잡힌 것이 감사했다. 특히 불과 몇 년 전 전국적인 킬링필드를 경험했던 나라에 한국의 손길들이 리빙필드의 씨앗이 되는 것이 참으로 감사했다.

*

기독교 고전과 같은 던 코맥 선교사의 킬링필드 리빙필드 한국판을 마무리하면서 꼭 한 번 그 비참했던 현장을 보고 그 이후 어떻게 되었는지 독자에게 알리고 싶었다. 불과 며칠의 여행이었기 때문에 이 글은 극히 부분적일 것이다. 그럼에도 불구하고 단편적이나마 과거의 악몽에서 벗어나 리빙 필드가 되어가는 모습을 소개하고 싶었다.

1995년 교회를 개척하여 현재 13군데에 지교회를 돌보고 있

논 목사 (시엠립)

다는 시엠립의 논 목사님을 만나 보았다. 어떻게 그렇게 여러 교회를 개척할 수 있었느냐는 질문에 성도가 믿은 지 3~5년이 되면 교회를 새로 개척하도록 돕는다고 하였다. 교회가 든든히 서기까지 처음 5,6년은 전임으로 일하는 사역자 4명이 함께 돕는다는 것이었다.

논 목사님의 장애는 지뢰와 상관없지만 캄보디아에는 전체 인구 중 12%가 전쟁과 지뢰로 인한 장애인이다. 관광객이 많은 장소에 장애인 대여섯 명이 앉아서 크메르 음악을 연주하고 있는 것을 몇 번 보았다. 전쟁 중에 다친 장애도 있고, 또 무차별로 떨어뜨린 폭탄과 발목 지뢰가 아직 불발탄으로 남아 있어서 다치는 경우도 있었다. 위성 촬영을 통해 확인된 바로는 500kg 이상 되는 무게가 있어야 터지는 대전차 지뢰만도 2만 여개, 탐사기로도 발견하지 못하는 불발탄이 20여만 개나 캄보디아 전역의 들판에 깔려 있다고 한다. 그래서 국토의 70%가 농경지이지만 경작할 수 없는 토지가 많은 실정이다.

시엠립 근처 스룹뽀어도 지뢰 피해자 마을이다. 그 가운데도 열다섯 가정이 한국 다일의 사역으로 1년 반 동안 집 처마 밑에서 돗자리 깔고 길거리 예배를 드리다가 올해 예배당을 완공하였다. 처음에는 우물 파기로 돕기 시작하여 아이들 학교도 보내고 방과 후 공부도 돕고 있다. 지금은 그들을 담당하는 캄보디아 사역자를 포함하여 500여명이 예쁜 잔디 위에 지어진 예배당에서 예배를 드린다.

*

부산 YWCA는 청소년 사역의 일환으로 일 년에 두 차례씩 중고등학생들을 데리고 캄보디아에 봉사활동을 떠난다. 캄보디아에 봉사가 절실히 필요하기도 하고, 또 부모들이 자녀의 개발도

상국 체험을 유익할 것으로 기대하는 긍정적인 목적이 있다. 과연 다녀 온 자녀 중에는 이전처럼 반찬 투정도 하지 않고 사는 태도도 달라졌다는 후담이 있어서 보람을 느낀다는 것이었다.

지난여름에 간 다섯번 째 봉사팀은 한 학교에 식수 시설이 없어서 우물을 파주고 넘쳐나는 쓰레기 소각장도 만들어 주었다. 그 동안 한국 학생들은 장고, 부채춤, 사물놀이 등을 준비하여 아이들과 함께 즐거운 시간을 보냈다.

그때 동행한 위원 중에 캄보디아에 상용 기관을 만들어서 캄보디아 아이들을 더 도왔으면 좋겠다는 의견을 내놓았다. 그것이 여론화 되어 이번에는 담당자들이 조사차 온 것이었다. (하나님의 사랑으로 혜택 받지 못하는 아이들을 도우려는 그 복된 마음들을 축복하소서!)

그저 잠시 들러 아이들에게 빵이라도 나누어 주려고 했던 계획이 그만 확대되어 휴일에 전교생을 학교에 오게 하는 일이 되고 말았다. 아이들은 물 축제 기간이어서 다른 곳에 가도 먹을 것과 재미있는 일이 있었지만 지난 번 형님 누나들과 재미있게 지내던 추억 때문에 학교로 왔다.

사진 속에 빨간 티셔츠를 입은 외국인은 한 NGO에서 그 학교의 교사를 수리해 주러 온 분인데 (교실 바닥이 울퉁불퉁한 흙바닥이었다.) 빵을 나누어 주는 일을 못마땅하게 생각하였다. 학생들에게 일회용 빵을 주는 것보다 무언가 교육적인 것을 주는 것이 더 좋을 거라며 아쉬워했다.

전국적으로 지식인들은 거의 희생이 되어 학생을 가르칠 사

교회 현판

교회 뒷마당의 세례소 (간이 천막).

〈우리의 평화, 주 예수 그리스도의 교회(The Church of Our Lord Jesus Christ our Peace)〉.
던 코맥 선교사가 개척한 교회. 선교사 가정은 2층에서 살았다.

아마도 시클로 운전자들이 시클로를 이곳에 기대놓고 쉬었을 정원

람이 드물었다. 초등학교에서 가르치는 것이라고는 국어와 산수 정도뿐이기 때문에 하다못해 지도 하나라도 가져와서 가르쳐주면 좋지 않았겠느냐는 것이다. 우리를 안내하시는 분의 말에 의하면 한 대학 졸업생이 간단한 분수도 잘 몰라서 1/3 + 1/4 을 1/7로 알고 있었다.

길을 가면 어디에나 아이들이 아주 처량한 목소리로 '엄마, 일달라!', '큰 언니, 원 달라!'하며 구걸도 하고 팔찌나 장식물 같은 물건도 판다. 오전 오후반으로 나누어도 한 교실에 60명 70명 앉아서 국어 산수 정도 배우고 있는 학생들에게 우리나라의 인적 물적 자원이면 얼마든지 풍성하게 나눌 수 있을텐데…….교회와 가정 그리고 기관들이 낭비하지 않고 지구촌의 필요를 채우는 운동이 활발하기를 기대해 본다. 그것은 결코 일방적인 제공이 아니다. 서로를 부요하게 하는 일이다.

*

캄보디아에서 13년을 사역하고 계신 OMF의 우리 공 베드로 선교사님과 사모님의 안내로 던 코맥 선교사님이 개척하신 〈우리의 평화, 주 예수 그리스도의 교회(The Church of Our Lord Jesus Christ our Peace)〉를 방문할 수 있어서 정말 기뻤다.

떳 히응 목사님은 자신이 이해하는 킬링필드를 나에게 성경 말씀으로 적어 주었다. 감동이었다.

1. 레위기 26:14~45

그러나 너희가 내게 청종하지 아니하여 이 모든 명령을 준행하지 아니하며

내 규례를 멸시하며 마음에 내 법도를 싫어하여 내 모든 계명을 준행하지 아니하며 내 언약을 배반할진대

내가 이같이 너희에게 행하리니 곧 내가 너희에게 놀라운 재앙을 내려 폐병과 열병으로 눈이 어둡고 생명이 쇠약하게 할 것이요 너희가 파종한 것은 헛되리니 너희의 대적이 그것을 먹을 것임이며

내가 너희를 치리니 너희가 너희의 대적에게 패할 것이요 너희를 미워하는 자가 너희를 다스릴 것이며 너희는 쫓는 자가 없

현재 우리의 평화 주 예수 그리스도의 교회의 직원 리나와 떳 히응 담임 목사.
『킬링필드 리빙필드 1권』의 〈들어가는 말〉에 실린 사진은 리나의 세례 장면이었다.

1994년 던 코맥이 강에서 세례를 주었던 리나. (사탕 봉지를 2,000개 만들고 있었는데 크리스마스
전도를 위한 것이었다. 30군데에서 사탕을 나누어 주면 아이들이 많이 모이는데 그곳에서 복음을
전한다고 하였다. 사탕을 나누어 주면 아이들이 모여서 전도하던 시절이 우리에게도 있었다. 지금은
먼 과거의 일이 되어 버렸지만. 6군데 집회소가 있는 외에도 교회에는 전도용 픽업 차가 세 대 있
었다. 전도 지향적인 모습이 감명 깊었다.)

세례 받던 날 기념사진.

세례 받았던 청년 중 세 명은 중도 탈락했다.

어도 도망하리라

또 만일 너희가 그렇게까지 되어
도 내게 청종하지 아니하면 너희
의 죄로 말미암아 내가 너희를 일
곱 배나 더 징벌하리라

내가 너희의 세력으로 말미암은
교만을 꺾고 너희의 하늘을 철과
같게 하며 너희 땅을 놋과 같게
하리니

너희의 수고가 헛될지라. 땅은 그
산물을 내지 아니하고 땅의 나무
는 그 열매를 맺지 아니하리라

히응 목사 세례 장면

　너희가 나를 거슬러 내게 청종하지 아니할진대 내가 너희의
죄대로 너희에게 일곱 배나 더 재앙을 내릴 것이라

내가 들짐승을 너희 중에 보내리니 그것들이 너희의 자녀를 움
키고 너희 가축을 멸하며 너희의 수효를 줄이리니 너희의 길
들이 황폐하리라

이런 일을 당하여도 너희가 내게로 돌아오지 아니하고 내게
대항할진대

나 곧 나도 너희에게 대항하여 너희 죄로 말미암아 너희를 칠
배나 더 치리라

내가 칼을 너희에게로 가져다가 언약을 어긴 원수를 갚을 것이

며 너희가 성읍에 모일지라도 너희 중에 염병을 보내고 너희를 대적의 손에 넘길 것이며

내가 너희가 의뢰하는 양식을 끊을 때에 열 여인이 한 화덕에서 너희 떡을 구워 저울에 달아 주리니 너희가 먹어도 배부르지 아니하리라

너희가 이같이 될지라도 내게 청종하지 아니하고 내게 대항할진대

내가 진노로 너희에게 대항하되 너희의 죄로 말미암아 칠 배나 더 징벌하리니

너희가 아들의 살을 먹을 것이요 딸의 살을 먹을 것이며

내가 너희의 산당들을 헐며 너희의 분향단들을 부수고 너희의 시체들을 부숴진 우상들 위에 던지고 내 마음이 너희를 싫어할 것이며

내가 너희의 성읍을 황폐하게 하고 너희의 성소들을 황량하게 할 것이요 너희의 향기로운 냄새를 내가 흠향하지 아니하고

그 땅을 황무하게 하리니 거기 거주하는 너희의 원수들이 그것으로 말미암아 놀랄 것이며

내가 너희를 여러 민족 중에 흩을 것이요 내가 칼을 빼어 너희를 따르게 하리니 너희의 땅이 황무하며 너희의 성읍이 황폐하리라

너희는 세상의 빛이라는 말씀과 함께 하던 촛불 전달식

던 코맥 선교사와 히응 목사

너희가 원수의 땅에 살 동안에 너희의 본토가 황무할 것이므로 땅이 안식을 누릴 것이라 그 때에 땅이 안식을 누리리니 너희가 그 땅에 거주하는 동안 너희가 안식할 때에 땅은 쉬지 못하였으나 그 땅이 황무할 동안에는 쉬게 되리라

 너희 남은 자에게는 그 원수들의 땅에서 내가 그들의 마음을 약하게 하리니 그들은 바람에 불린 잎사귀 소리에도 놀라 도망하기를 칼을 피하여 도망하듯 할 것이요 쫓는 자가 없어도 엎드러질 것이라
그들은 쫓는 자가 없어도 칼 앞에 있음 같이 서로 짓밟혀 넘어지리니 너희가 원수들을 맞설 힘이 없을 것이요
너희가 여러 민족 중에서 망하리니 너희의 원수들의 땅이 너희를 삼킬 것이라
너희 남은 자가 너희의 원수들의 땅에서 자기의 죄로 말미암아 쇠잔하며 그 조상의 죄로 말미암아 그 조상 같이 쇠잔하리라
그들이 나를 거스른 잘못으로 자기의 죄악과 그들의 조상의 죄악을 자복하고 또 그들이 내게 대항하므로

 나도 그들에게 대항하여 내가 그들을 그들의 원수들의 땅으로 끌어갔음을 깨닫고 그 할례 받지 아니한 그들의 마음이 낮아져서 그들의 죄악의 형벌을 기쁘게 받으면
내가 야곱과 맺은 내 언약과 이삭과 맺은 내 언약을 기억하며 아브라함과 맺은 내 언약을 기억하고 그 땅을 기억하리라

그들이 내 법도를 싫어하며 내 규례를 멸시하였으므로 그 땅을 떠나서 사람이 없을 때에 그 땅은 황폐하여 안식을 누릴 것이요 그들은 자기 죄악의 형벌을 기쁘게 받으리라

그런즉 그들이 그들의 원수들의 땅에 있을 때에 내가 그들을 내버리지 아니하며 미워하지 아니하며 아주 멸하지 아니하고 그들과 맺은 내 언약을 폐하지 아니하리니 나는 여호와 그들의 하나님이 됨이니라

내가 그들의 하나님이 되기 위하여 민족들이 보는 앞에서 애굽 땅으로부터 그들을 인도하여 낸 그들의 조상과의 언약을 그들을 위하여 기억하리라 나는 여호와이니라

2. 이사야서 3:1~5

보라 주 만군의 여호와께서 예루살렘과 유다가 의뢰하며 의지하는 것을 제하여 버리시되 곧 그가 의지하는 모든 양식과 그가 의지하는 모든 물과

용사와 전사와 재판관과 선지자와 복술자와 장로와

오십부장과 귀인과 모사와 정교한 장인과 능란한 요술자를 그리하실 것이며

그가 또 소년들을 그들의 고관으로 삼으시며 아이들이 그들을 다스리게 하시리니

백성이 서로 학대하며 각기 이웃을 잔해하며 아이가 노인에게, 비천한 자가 존귀한 자에게 교만할 것이며

교회를 사임하고 본국으로 가기 전 후임 사역자에게 안수하는 던 코맥.

크리스마스 카드로 영국에서 보내온 던 코맥 가족 사진

3. 에스겔 7:15~21, 12:16

밖에는 칼이 있고 안에는 전염병과 기근이 있어서 밭에 있는 자는 칼에 죽을 것이요 성읍에 있는 자는 기근과 전염병에 망할 것이며

　도망하는 자는 산 위로 피하여 다 각기 자기 죄악 때문에 골짜기의 비둘기들처럼 슬피 울 것이며
모든 손은 피곤하고 모든 무릎은 물과 같이 약할 것이라
그들이 굵은 베로 허리를 묶을 것이요 두려움이 그들을 덮을 것이요 모든 얼굴에는 수치가 있고 모든 머리는 대머리가 될 것이며
그들이 그 은을 거리에 던지며 그 금을 오물 같이 여기리니 이는 여호와 내가 진노를 내리는 날에 그들의 은과 금이 능히 그들을 건지지 못하며 능히 그 심령을 족하게 하거나 그 창자를 채우지 못하고 오직 죄악의 걸림돌이 됨이로다
그들이 그 화려한 장식으로 말미암아 교만을 품었고 또 그것으로 가증한 우상과 미운 물건을 만들었은즉 내가 그것을 그들에게 오물이 되게 하여

　타국인의 손에 넘겨 노략하게 하며 세상 악인에게 넘겨 그들이 약탈하여 더럽히게 하고

그러나 내가 그 중 몇 사람을 남겨 칼과 기근과 전염병에서 벗어나게 하여 그들이 이르는 이방인 가운데에서 자기의 모든 가증한 일을 자백하게 하리니 내가 여호와인 줄을 그들이 알리라

4. 전도서 3:1~4

범사에 기한이 있고 천하만사가 다 때가 있나니
날 때가 있고 죽을 때가 있으며 심을 때가 있고 심은 것을 뽑을 때가 있으며
죽일 때가 있고 치료할 때가 있으며 헐 때가 있고 세울 때가 있으며
울 때가 있고 웃을 때가 있으며 슬퍼할 때가 있고 춤출 때가 있으며

5. 예레미야 29장 11절, 31장 28절

여호와의 말씀이니라 너희를 향한 나의 생각을 내가 아나니 평안이요 재앙이 아니니라 너희에게 미래와 희망을 주는 것이니라

깨어서 그들을 뿌리 뽑으며 무너뜨리며 전복하며 멸망시키며 괴롭게 하던 것과 같이 내가 깨어서 그들을 세우며 심으리라 여호와의 말씀이니라.

용석 목사님은 킬링필드에서 살아남은 분 중에 존경 받는 목사님이셨다. 1968년도 정부 관리가 되어 고무 농장에 배치되었으나 그 일이 너무 힘들어서 한 달 만에 도망 나온 것을 계기로 절박한 마음에 할아버지 할머니가 믿으시던 하나님을 찾고 믿음을 갖게 되었다.

1972년에 삼 년 과정의 프놈펜 성경 학교에 입학하였다. 오전에는 공부하고 오후에는 성경과 교재를 출판하여 각 지방을 다니면서 책을 팔기도 하고 복음을 전했다. 1975년도 크메르 루즈

용석 목사님.

는 그에게 무엇을 할 수 있느냐고 물었다. 나무에서 설탕물 받는 일, 강에서 물고기 잡는 일, 채소 가꾸는 일을 잘 할 수 있다고 하자 살려 주며 동네 사람들을 먹여 살리게 했다. 자기를 죽이려고 노리던 사람도 있었지만 하나님은 그때 다른 지도자를 보내 주셔서 오히려 자기를 위협하던 그 사람이 죽게 되었다.

폴폿 정권이 끝나고 1979년 교회에 돌아와 보니 교회가 없어서 나무 그늘이나 처마 밑에서 모여서 예배를 드렸다. 가족과 주변 믿는 사람들이 모여 들었다. 그러나 81년도 동생, 조카들이 CIA 앞잡이고 매국노라고 심문을 당하고 감옥에 붙잡혀 갔던 일도 있었다. 10여 년 동안 교회 없이 예배를 드리다가 1992년에 비로소 교회 건물을 세웠다. 앨리슨 컴페인 선교사 등은 책도 갖다 주고 성경 공부나 전도용 자료도 제공해 주었다.

C & MA 교단에 속한 이 뚬늅떽 교회는 커다랗게 예배당을 새로 지었다. 현재는 200여명 모이고 있고 지교회가 다섯 군데 있는데 각 지역에 지도자가 있다. 교회의 비전은 아이 청년 그리고 어른을 포함한 모든 세대에 복음을 전하는 것이다.

각 지역 복음의 씨앗이 떨어진 곳에 집사, 장로 성경 공부를 하여 교회를 세우려고 한다. 프놈펜에도 신학교가 있지만 깜뽕참에서도 2년제 학교를 열어 지도자를 양성하고 있다. 시골 신학교 안에는 농업 전문 교사 양성 프로그램도 있다. 교인들의 헌금으로 신학생들을 일부 돕는다.

개축 전의 뚬눕떽 교회

뚬눕떽 교회 전경

뚬눕떽 교회의 세례 장면

공베드로, 이선아 선교사님의 안내로 뚬눕떽 교회를 만날 수 있었다.

＊

　사진을 찍다보니 전지가 다 되었다. 교환했지만 충전이 안 되어 있는지 작동이 되지 않았다. (나중에 보니 방향을 잘못 끼웠다.) 공 베드로 선교사님은 즉시로 선교사님 카메라로 이런 저런 사진들을 찍어 주셨는데 나는 그것을 어떻게 보내 주시나 내심 걱정하고 있었다. 왜냐하면 한국처럼 인터넷 환경이 좋아서 대용량도 별 어려움 없이 보내는 곳이 드물었기 때문이었다. 그런데 놀랍게도 선교사님은 저녁 식사를 기다리는 동안 즉시로 사진들을 CD에 구워 주셨다.

　CD 안에는 선교사님이 개척하신 예수 마을 교회와 지교회의 성도들이 전부 야외로 가서 함께 예배도 드리고 세례식도 하는 사진들도 함께 들어 있었다. 바다 안에서 캄보디아 사역자들이 둘러서서 남녀노소 한 명 한 명에게 세례를 주고 있는 장면은 얼마나 감동적인지 몰랐다. 세례 전에 그렇게 많은 사람들이 모두 질서정연하게 앉아서 예배드리는 장면도 정말 좋아 보였다. 세례식 후 모두가 도시락을 펴 놓고 식사 하는 모습은 그야말로 축제 한마당이었다.

　선교사님의 사역은 최근의 기도 편지를 보면 엿볼 수 있겠기에 여기에 실어 본다.

공베드로/이선아 선교사의 기도 편지 (2010년 가을)
안녕하세요?

여행기 203

야외 예배 장면

죽음처럼 말랐던 땅, 캄보디아.

이 메마른 땅에 예수 생명이 새싹이 되어 돋아나고 자라는 기쁨을 나누고 싶습니다.

최고의 가치를 아는 성도들

10월 첫 주간에 있는 대 명절 프춤번(추석명절 같은 절기)이 지났습니다. 대개 명절 2주간 전부터 조상숭배 사상과 연결되어 7개의 절을 찾아다니며, 조상신에게 음식을 던져 대접하는 의식이 행해지고, 절과 중을 위해 엄청난 재정 소모와 대 이동을 하게 됩니다.

그래도 '밭에 보화를 발견하고, 온 재물을 팔아 그 밭을 산 농부'(마 13:44)처럼, 주일 예배를 드리고 고향에 가는 이들, 주일 성수를 위해 주일 전에 고향에서 돌아와 예쁘게 멋지게 차려 입고, 예배드리는 신실한 성도들이 많아 기쁩니다. 점점 예수그리스도를 최고의 가치로 두는 사람들이 캄보디아 땅에 많아지니 얼마나 기쁜지 모릅니다.

방학 성경 학교 및 캠프
8-9월의 방학 기간은 전도와 교육과 훈련의 기회입니다. 예수 마을 교회와 각 지교회가 연합으로 어린이를 위한 '방학성경학교(VBS)와 청소년 캠프 및 청년/대학생 캠프'를 갖게 되었습니다.
예수마을교회와 각 지교회-쯔바옴뻐으교회, 쁘레이께이 교회, 쁘레이깜봇교회, 품삐엄교회, 끔뽕뽀뻴교회, 쁘렉쁘너으교회,등-에서 풍성한 방학 성경 학교가 진행되었습니다. 적게는 100명에서 200명이 넘은 아이들이 말씀 듣기, 인형극, 찬양과 율동, 그리고 세 학교(기도학교, 찬양학교, 선교학교)를 짧게 운영한 신나는 성경 학교였습니다.

올해 주께 드리는 영혼의 열매들

그리고 청소년 50여 명이 예수마을 교회에서 2박 3일 청소년 캠프를 가졌습니다. 아직 부모들의 이해가 부족해서 청소년들이 캠프에 많이 참석하기 어려웠지만, 청소년기의 학생들만 모여서 청소년 프로그램을 진행할 수 있어서 너무 귀한 시간이었습니다.

청년/대학생 제10회 'COME & SEE' 전도 및 캠프

'컴 앤 씨' 행사가 올 해로 10년이 되었습니다. '서울대학 교회'의 홍종인 교수님의 헌신과 캄보디아와 대학생들을 향한 사랑으로 시작된 캠퍼스 전도와 '컴 앤 씨' 행사는 서울대학교회의 청년들과 함께 전도를 통해서 캄보디아 대학생들을 복음을 듣게 하고, 믿고 교회에 정착하도록 하는 것입니다. 10년을 한결 같이 해온 청년대학생 사역이 점점 그 결실을 맺고 있습니다.

지난 8월9-15일까지 캠퍼스 전도와 2박3일 '컴 앤 씨' 캠프가 진행되어, 각 대학에 수많은 대학생들을 만나고, 전도할 기회를 가졌습니다. 그리고 캠프를 통해서 전도한 40여명의 대학생들에게 복음과 말씀을 나눌 수 있었습니다. 이 작은 몸부림이 청년대학생 사역의 초석이 될 것을 확신합니다. (현재 청년부는 로앗 형제가 대학 졸업 후 헌신하여 자비량으로 '청년/대학생 사역'을 섬기고 있습니다.)

스라에비얼 주일 모임 시작

5년 여 동안 복음의 씨를 뿌렸던 지역에 드디어 주일 모임이 시작되었습니다. 외부 사람

들이 직접 시작하는 예배 모임이 아니라, 그 지역에서 준비된 영향력 있는 내부 사람이 모임을 시작한 것입니다. 교회개척의 새로운 시도였습니다. 그 동안 부정기적으로 160km 정도 떨어진 지역에 제자가 운영하는 영어 학원을 중심으로 오토바이를 타고 가서 복음을 전하고, 또 예수 마을 교회(프놈펜/하와이) 팀이 함께 가서 영어 가르치기, 관계 형성하기, 또 초청하여 가르치기 등을 통해서 양육을 해 왔습니다. 이제 태동해가는 교회가 어떻게 자랄지 기대가 됩니다. 리엉 형제가 학원 원장이면서, 교회 모임을 주도해 가고 있습니다. 교회가 자라기 위해서 수많은 위기와 어려움을 만날 터인데, 성령께서 그 모임을 주도해 가시도록 기도해 주십시오.

벙꼭 소망 유치원 소식

6년 여 동안 열악한 빈민가 지역에 사는 어린 아이들에게 유치원 수준의 교육과 신앙 교육을 통해서 미래를 열어 가도록 돕기 위해 '벙꼭 소망 유치원'이 운영되어 왔는데, 여러 악재 상황이 계속되어 일단 문을 닫게 되었습니다. 그 동안 마리나엣 자매와 스레이니 자매가 교사로 봉사해 왔습니다. 가난한 아이들에게 소망이 되어주기 위해서 기도와 사랑으로 섬겨 주신 여러분들께 감사를 드립니다. 오는 10월 16일 마지막 졸업식을 갖게 됩니다. 교육의 혜택을 받지 못하는 아이들을 위해 또 다른 소망 유치원을 위해서 기도해 주세요.

기도제목

1. 예수마을교회의 비젓 전도사가 교회의 재정자립은 아직 못했지만, 교회 리더쉽과 사역의 자립을 통해서 건강하고, 말씀과 성령이 주도하시

는 교회로 잘 섬기도록.

2. 각 교회의 지도자들(비젓 전도사, 히연 전도사, 로앗 형제, 끼리 형제, 소티어 형제, 속카 형제, 봐따나 형제, 속헹 자매, 짠낭 형제, 리엉 형제)이 말씀과 성령이 충만하여 주어진 양떼들을 잘 돌아보고, 말씀으로 잘 양육하도록.

3. 스라에비얼 교회 주일 모임이 예배를 통해서 더욱 견고해 지고, 믿음의 사람들이 일어나 그 지역 사회의 빛과 소금의 역할을 다 하는 교회로 자라도록. 리엉 형제가 겸손히 섬길 수 있도록.

4. 쯔바옴뻬으 교회(봐따나형제) 구입: 10여 년 동안 모임 장소를 세내어 사용하고 있는데, 자체 교회 모임 장소를 구입할 있도록. 그래서 어린이와 청소년들이 방치되어 있는 그 지역에, 지역 교회로서 지역 사회를 위해 어린이 선교원과 문자반, 영어반 등을 열고, 청소년/청년 센터 역할을 잘 할 수 있도록.

5. 쁘레이깜봇 교회를 담당하여 섬기게 될 젠뜨라 형제가프놈펜 대학 컴퓨터학과를 입학하게 되었는데, 입학금 잘 마련되고, 학교를 잘 다닐 수 있도록.

6. 10월, 11월, 12월 행사를 위해 : 10월 말 주간에 있는 부부 관계 회복을 위한 '가족세미나', 그리고 리더십 개발을 위한 리더십 세미나(11월 중순), 전도를 위한 12월 크리스마스 행사(한 달 동안 크리스마스 행사 진행됨) 등을 통해서 교회가 성령 충만한 교회요, 교회 사명을 다하는 교회로 성숙해 가도록.

7. 대학생 기숙사에 머무는 가난한 대학생들이 건물 렌트 비용과 수도/전기세를 십시일반으로 잘 내도록. 교인 몇 명이 기숙사 헌금에 참여하기

도 하지만 아직은 턱없이 부족한데, 잘 채워져 가도록.

8. 짠낭형제와 로앗형제가 2011년 초에 있을 결혼을 잘 준비할 수 있도록.

록.

공베드로, 이선아 올림

*

OMF 캄보디아 사무실은 조용한 주택가에 있었다.

사무실 안에는 사무 보는 공간 외에도 손님 방, 도서실, 거실, 식당, 예배실, 그리고 선교사들이 언어를 배우는 교실이 몇 개 있었다. 서울의 비싼 집세 때문 에 충분한 공간을 마련하지 못

캄보디아 OMF 사무실이 있는 조용한 주택가.

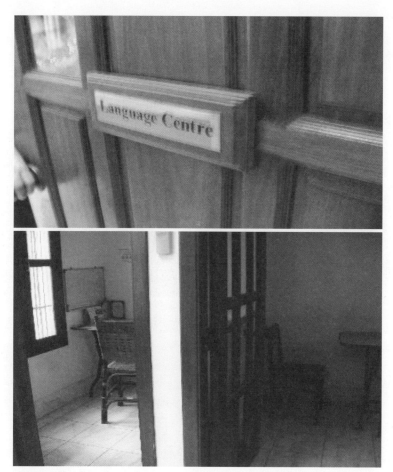

일대 일로 언어 배우는 교실

해 늘 전전긍긍하는 우리의 처지를 생각하며 참으로 부러웠다.

OMF 캄보디아 필드책임자는 마침 본국 사역 중이어서 대리 대표로 와 계시는 분(이마무라 유조 의료 선교사)과 이야기를 나누었다. 선교 단체, NGO 기관 등 많은 단체들이 와서 정말로

OMF 캄보디아 사무실 (프놈펜)

훌륭한 사역을 하고 있는데 OMF의 사역에는 무언가 다른 점이 있는가를 물었다. 교회를 개척하고 의료 활동을 하며 학대, 불우 아동, 수감자, 매춘 여성을 돕고 상담하는 일등은 대등소이하다고 하였다. 다른 점이 있다면 캄보디아인이 주인으로 사역해야할 장래를 생각하기 때문에 월급을 주고 고용하지 않는다. 대신에 좋은 지도자를 양성하여 사역을 이양하는 것을 목표로 하고 있다. 될 수 있는 대로 돈을 많이 쓰지 않는다. 직접 돈을 주는 대신 가능성 있는 지도자에게 장학금을 지원한다. 6,7년 그렇게 하여 그들이 캄보디아 교회에서 지도자적 역할을 하고 있다.

다른 센터도 마찬가지이지만 캄보디아 OMF는 특히 언어와 문화습득 훈련을 중요하게 생각한다. 언어와 문화 적응에 있어서 캄보디아 사람처럼 되는 것을 목표로 한다. OMF 선교사가 대학이나 정부 교육 기관과 협력하여 양질의 교과서를 만들고 교과서의 내용을 계속 갱신해 가는 일을 도울 수 있는 것은 언어와 문화에 숙달해 있어서 그들의 신뢰를 얻고 있기 때문이다. 결코 서두르지 않고 반드시 3,4년은 언어 배우는 일에 집중

하도록 한다. 외국어를 현지인처럼 하는 일은 평생 노력해야 되는 일이기 때문에 OMF는 아무리 오래된 선교사라도 사역하는 동안 계속해서 언어에 진보가 있도록 돕는다.

특히 음악, 의과 대학, 지리 등 교육 내용과 커리큘럼, 자료 만드는 일에 깊이 관여하고 있다. 정부의 신뢰를 받아 정부 관리들에게 영어 교육을 하니 비자 발급이 용이해졌다. OMF 캄보디아에는 던 코맥, 앨리스 컴페인 등 겸손한 마음으로 섬기던 좋은 모델이 있다. 단기 사역이 기여하는 점이 없는 것은 아니지만 젊은 선교사가 장기로 오는 것이 필요하다. 캄보디아는 젊은 나라이다. 젊은 세대에게 접근하려면 젊은 선교사가 필요하다. 20대에 장기로 헌신하는 선교사를 보고 싶다. 한국에 기대를 한다.

게스트 룸 가운데 있는 거실

이런 이야기를 들으면서 세계 사람들이 기대하고 있는 한국 교회, 이 세대에 그래도 기댈 곳은 한국 밖에 없다고 입을 모으고 있는데 우리의 연약한 현실이 얼마나 가슴 아프게 느껴졌는지 모른다. 더 이상 낙심하지 말고 더 이상 방만하지 말고 돋보기의 초점을 맞추어 태양 빛을 받으면 종이가 타듯이 그렇게 우리의 모든 초점을 하나님의 소원에 맞추어 드릴 수 있으면 얼마나 좋을까?

*

번화한 모니봉 거리.

수많은 사람들이 프놈펜의 번화한 모니봉 거리를 다니고 있었다. 그들 가운데 주 예수 그리스도가 왕이 되시고 주인이 되셔야 한다. 이 일을 위해 얼마나 더 많은 일꾼들이 필요한지... 『킬링필드 리빙필드』의 한국어판을 3권으로 마무리 하면서 더 놀라운 리빙필드의 이야기와 현장들이 계속 이어지기를 소원한다.

2011. 5
최태희

KILLING FIELDS, LIVING FIELDS

킬링필드 · 리빙필드 (Killing Fields, Living Fields)

1판 1쇄 발행   2011년 10월 15일

지은이   던 코맥
역자   최태희
발행인   홍응표
본문디자인   Design ink

펴낸 곳   (주) 로뎀
등록   2005년 12월 2일 (제325-2005-00012호)

주소   부산시 중구 대창동 37-3 센트럴 오피스텔 703호
전화   080-467-8982~3
팩스   051-467-8984
이메일   rodembooks@naver.com

ISBN   978-89-93227-32-1
             978-89-93227-20-8 (세트 전 3권)